D1480296

BERLIN À MONTRÉAL
LITTÉRATURE ET MÉTROPOLE
sous la direction de
Friedhelm Lach et Hans-Herbert S. Räkel
est le trois cent quatre-vingtième ouvrage
publié chez
VLB ÉDITEUR.

m545

BERLIN À MONTRÉAL
Littérature et métropole

Colloque tenu à l'Université de Montréal
du 1er au 4 octobre 1987

BERLIN À MONTRÉAL

LITTÉRATURE ET MÉTROPOLE

sous la direction de Friedhelm Lach
et Hans-Herbert S. Räkel

RETIRÉ DE LA COLLECTION DE LA BIBLIOTHÈQUE DE LA VILLE DE MONTRÉAL

BIBLIOTHÈQUE
Georges Vanier
VILLE DE MONTRÉAL

vlb éditeur

VLB ÉDITEUR
1000, rue Amherst
Montréal (Qué.)
H2L 3K5
Tél.: (514) 523-1182
Télécopieur: (514) 282-7530

Conception graphique de la couverture:
Katherine Sapon

Photo de la couverture:
© Ullstein-Scherhaufer

Distribution:
AGENCE DE DISTRIBUTION POPULAIRE
955, rue Amherst
Montréal, (Qué.)
H2L 3K4
Tél.: à Montréal: 523.1182
    de l'extérieur: 1.800.361.4806

© Friedhelm Lach et Hans-Herbert S. Räkel, 1991

© VLB ÉDITEUR, 1991
    Une division du groupe Ville-Marie Littérature

Dépôt légal — 1er trimestre 1991
Bibliothèque nationale du Québec
ISBN 2-89005-433-0

A245853

REMERCIEMENTS

Cet ouvrage a bénéficié, dès avant sa rédaction, du soutien généreux d'un grand nombre de personnes et d'institutions qui voudront trouver ici l'expression de nos remerciements: auteurs, participants aux tables rondes, organisateurs et commanditaires du colloque, la Section d'études allemandes et la Faculté des arts et des sciences de l'Université de Montréal, le Département d'études allemandes de l'Université McGill, Monsieur Thomas Steinfeld, délégué de l'Office allemand d'échanges universitaires (DAAD), l'Institut Gœthe de Montréal et sa directrice madame Dieta Sixt, le ministère des Affaires étrangères de la République fédérale d'Allemagne et le Sénat de Berlin, la Ville de Montréal, le Conseil de recherche en sciences humaines du Canada et le Secrétariat d'État au multiculturalisme. La publication a été assurée par ces mêmes instances ainsi que par le fonds FCAR et l'organisme Inter Nationes de la République fédérale d'Allemagne.

Pour la présentation simultanée, une première traduction française des conférences données en allemand a été réalisée par Cécile François, Éliane Morillon, Yves Saint-Amant et Lucie Touzin. Elle a été révisée, pour la publication, par Éliane Morillon.

Préface

Ce livre est le reflet d'un événement qui rassembla, en 1987 à l'Université de Montréal, des écrivains, critiques littéraires et journalistes, responsables d'affaires culturelles et professeurs autour du thème «Littérature et Métropole — le cas de Berlin». La capitale déchue, la ville du mur n'a cessé de répéter à qui veut l'entendre que «Berlin vaut le voyage» (Berlin ist eine Reise wert). Les Berlinois qui avaient fait le voyage jusqu'à Montréal furent intrigués par le fait qu'ici, ils devenaient des témoins de leur ville. Notre désarroi ne fut pas moindre puisque nous vîmes Montréal se superposer de façon secrète mais insistante à toutes les discussions qui pourtant tournaient autour de Berlin. La comparaison impossible entre les deux villes, que nous avions voulu bannir de notre rencontre pour des raisons politiques et culturelles, s'était infiltrée, incontrôlable, mal à propos, mais combien attrayante, transformant le programme académique en aventure complexe. Fallait-il dans ce cas sacrifier à une vénérable tradition, compiler des «actes», simuler une somme d'érudition et par là même, décréter la fermeture du dossier? Le lecteur dira si nous avons eu raison de poursuivre l'aventure, de ne présenter ici qu'une partie, à peine un tiers, des conférences traduites en français, dans les cas où elles avaient été données en allemand, de les accompagner de témoignages divers tels que forums ouverts à un public plus large, entrevues télévisées, bribes de textes littéraires et poétiques. Sans en faire un principe, nous avons conservé également les anachronismes apparents des allusions à une actualité désormais devenue passé, notamment dans les contributions aux tables rondes et dans les entrevues. Lorsqu'il donna à sa conférence le titre «Montréal — désir d'une ville», Gilles Marcotte ne parlait-il pas en réalité de toutes et de *chacune: en est-il une qui ne serait point «désir»? Plus elles sont villes, plus elles voudraient l'être, au point de ne plus se contenter de ce modeste appellatif et de l'échanger contre un plus ronflant: celui de métropoles! Les mots font les choses et l'urbanisme est à coup sûr une discipline littéraire...*

C'est sur ces points de suspension que devait se terminer cette brève préface en 1989, à un moment où personne ne se serait aventuré à prédire la chute du mur, événement qui était pourtant si proche! Voilà une nouvelle dimension qui rend ce livre éminemment «historique» dans les deux sens du terme: il est devenu plus vite que prévu un document du passé, mais il représente aussi le dynamisme des circonstances dont il témoigne. C'est en effet un Québécois, Patrice Massenet, qui, après avoir filmé la ville séparée, a osé dire lors de la présentation de son documentaire qu'un jour prochain ce mur disparaîtrait. C'est fait. Le 9 novembre 1989, Berlin a été le théâtre d'un «happening» auquel a pu assister le monde entier, reléguant parmi les souvenirs indifférents tous les efforts publicitaires déployés à l'occasion du 750ᵉ anniversaire de notre «capitale culturelle européenne» d'une année! La nouvelle situation politique nous oblige toutefois à réexaminer l'hypothèse fondamentale qui nous avait incités à organiser un colloque international pour étudier spécialement le rôle culturel des métropoles. Berlin, notamment Berlin-Ouest, paraissait comme une sorte de modèle anticipé de l'évolution internationale dans la mesure où sa vocation culturelle semblait s'affirmer d'autant plus vigoureusement que sa fonction économique se trouvait compromise. Après la chute du mur, ce modèle n'a rien perdu de son impact et on devra continuer à se poser la question que le colloque a soulevée: faut-il organiser la culture? Mais si le modèle en tant que modèle nous invite à mettre l'accent sur l'uniformité des contraintes qui caractérisent toutes les métropoles du monde moderne, le brusque changement politique intervenu à Berlin nous rappelle qu'il n'est ni inutile ni hors de propos de se souvenir des données historiques qui ont fait ces métropoles, chacune de ces métropoles, et qui, malgré le grand nivellement qu'apportent les mécanismes inéluctables de l'économie mondiale, leur garantissent une certaine individualité leur réservant non seulement une fonction mais peut-être même une destinée sinon un destin. Quant à la ville de Berlin, cette destinée ne sera assurément pas celle d'une capitale culturelle de l'Allemagne: Dietger Pforte, qui représentait à notre colloque le Sénat de Berlin-Ouest, a insisté sur le fait qu'en Allemagne, le fédéralisme a toujours existé dans le domaine de la vie culturelle, que les Allemands n'ont pas de capitale culturelle et qu'ils devraient en être fiers! Au lieu de représenter une culture nationale centrifuge, cette ville n'est-elle pas plutôt destinée aux échanges culturels, notamment entre l'Ouest et l'Est de l'Europe? Cédons encore une fois à la tentation de comparer ce qui ne peut se comparer: parler de Berlin à Montréal, n'est-ce pas également un pas dans la direction naturelle du destin et peut-être du désir de notre ville dont les meilleurs symboles pourraient bien être les ponts?

Berlin à Montréal

Réactions à un reportage télévisé
de Patrice Massenet
avec la participation de
Lise Gauvin, Margret Iversen,
Harald Hartung, Ferdinand Nowak,
Fred Oehmichen, Dietger Pforte,
Hans-Herbert Räkel, Léo Rosshandler

Un Montréalais à la quête de Berlin

PATRICE MASSENET: J'ai été fasciné par cette ville, totalement subjugué par le mur, ce mur qui tranche littéralement au couteau cette belle et très ancienne ville; ce mur avec sa zone tampon semble vouloir nous empêcher de voir, d'entrer ou de sortir. Cet été, avec la participation du gouvernement de Bonn, j'ai passé un mois le long du mur, à la campagne, au centre-ville et sur les lacs qui sont souvent coupés en deux. J'y ai rencontré toutes sortes de gens: riches, pauvres, artistes, émigrants, et ils m'ont tous dit: «On ne voit plus le mur», mais j'ai cru remarquer qu'ils lui tournaient le dos délibérément.

Berlin est une ville unique par sa situation géographique et politique. Les Berlinois ne sont pas tout à fait maîtres chez eux puisque ce sont les Alliés qui dominent. Par exemple, pour obtenir une autorisation de filmer le mur, je me suis adressé aux autorités municipales qui m'ont dit de m'adresser aux Alliés qui, eux, m'ont renvoyé aux autorités municipales. Finalement, j'ai filmé sans autorisation légale mais avec l'accord tacite des deux parties.

Du fait que Berlin-Ouest est isolé dans le monde de l'Est, le climat social, intellectuel et artistique semble plus vivant que dans l'Allemagne de l'Ouest. Je crois que c'est parce que les Berlinois sont prisonniers de la politique des superpuissances et parce que le mur est là pour leur rappeler l'histoire. J'ai trouvé les Berlinois choqués de cette situation et je crois qu'un jour prochain, même s'il y a deux Berlin, le mur disparaîtra. Ce film est juste un avant-goût de ce que vous verrez peut-être un jour.

Une Berlinoise à la quête de Montréal

MARGRET IVERSEN: Lorsque je vins pour la première fois à Montréal, il y a six ans, ma première impression était confuse. L'Européenne que j'étais n'arrivait pas à comprendre cette ville. Il me manquait des points de repère. Ainsi je me rappelle une promenade avec quelques amis, tous des immigrants, deux Iraniens, un Polonais, un Grec. Nous nous promenions en ville, il commençait à faire nuit; j'aperçus une croix en haut de la montagne. Je demandai à mes amis si cette croix était catholique, ce qui les fit rire. Lorsque je leur demandai pourquoi ils riaient, ils n'eurent d'autre explication que leurs rires.

Je recherchai donc d'autres points de repère. Montréal étant une île, je pensai à la présence de l'eau et à ce grand trait sur la carte; en Allemagne nous n'avons pas d'aussi grandes rivières; comparé au Saint-Laurent, le Rhin est tout petit mais il a sa place dans les villes qu'il traverse. Ici pourtant les gens ne semblaient pas être particulièrement attirés par l'eau non plus: toutes les rues qui descendent vers le fleuve, aboutissent à un mur et on ne se trouve jamais au bord de l'eau.

Au hasard de mes lectures, une question me vint à l'esprit, celle de l'identité nationale. Nous étions en 70; Anglo et Franco-Canadiens étaient à la recherche de leurs cultures. Les Anglo-Canadiens commençaient à réfléchir au problème de l'identité nationale. Mais mes amis eux étaient tous des immigrants. Quelle était donc leur identité nationale? Quelle était l'opinion publique, quelles étaient les discussions? Je pensai à la radio, mais voilà qu'en plus du réseau national, je découvris 23 stations en 15 langues. Il n'y avait donc pas là d'identité nationale non plus. Mais alors, c'était peut-être ça le point de repère que je cherchais: la mosaïque? Autant de petits morceaux, de petites existences qui faisaient un tout vivant et qui n'avaient besoin ni d'histoire, ni de racines. C'était une chose toute nouvelle pour moi. Tous ces gens que je connaissais n'avaient pas besoin de cette identité nationale... et chez tous ces gens, il n'y avait ni chauvinisme, ni sentiment de supériorité.

Je revins à Berlin; tout le monde parlait de «Heimat» (Patrie). C'était une série télévisée sur le sujet . Cette discussion ne m'intéressait plus tellement. Plus tard, lorsque je revins pour la deuxième fois à Berlin, on commençait à parler du 750e anniversaire de Berlin, un sujet revenait dans les conversations, celui de l'identité. Cela ne m'intéressait pas beaucoup plus.

Berlin: imaginaire, symbole, réalité

LISE GAUVIN: Jusqu'à tout récemment, je n'avais pas d'image de Berlin; Berlin était pour moi une ville du silence, une sorte de ville de non-lieu, mais quand on dit non-lieu, on dit aussi utopie, projection utopique donc. Berlin est devenu pour moi, à force d'y songer, d'y rêver, la ville imaginaire, la ville de l'imaginaire et en quelque sorte la ville du dépaysement.

En même temps, et à mesure que j'en entendais parler et que je découvrais des textes d'écrivains, c'est devenu la ville où l'art fait exister ce non-lieu. J'ai été frappée par quelques textes dans lesquels il y a ce rapport au réel qui est un rapport absolument circonstancié, immédiat, et les choses semblent prendre une valeur absolue.

FERDINAND NOWAK: Contrairement à bien des villes, Berlin évoque à l'esprit de tout un chacun au moins deux choses et peut-être deux dates: la première étant celle de l'érection du mur en 1961, la deuxième étant celle de Berlin centre du fascisme pendant la période allant de 1933 à 1945. Découvrir Berlin, c'est confronter ces deux représentations abstraites à la réalité. S'exposer à corriger ces visions, cela voudra dire s'étonner qu'il soit possible de mener une vie relativement normale auprès du mur, être surpris peut-être de trouver aussi peu de traces des 12 années de fascisme.

FRED OEHMICHEN: Qu'il me soit permis de corriger ce dernier propos car qu'est-ce que le mur, symbole du partage de la ville, sinon une conséquence directe du fascisme!

Un patrimoine, deux reconstructions

LÉO ROSSHANDLER: Si les Berlinois sont comme ils sont, c'est grâce à leur volonté, à leur volonté de vivre en tant que ville. C'est un phénomène fascinant qui a ses racines dans l'histoire. Berlin est une ville assez jeune pour l'Europe et on doit comprendre que ses habitants sont des émigrants de régions qui comptaient parmi les plus pauvres d'Allemagne: le Brandebourg et la Silésie. D'ailleurs, soit dit en passant, Berlin est une des rares villes allemandes qui soient ouvertes aux émigrants, et quand je dis émigrants je veux dire ici émigrants d'autres villes allemandes! Ces gens donc qui sont venus à Berlin ont reçu en héritage une immense volonté de survivre. J'ai vécu avec les Berlinois deux périodes marquantes. La première, c'est celle de la montée du nazisme de

1926 à 1933, celle des luttes entre la gauche et le nazisme, de l'écrasement de la démocratie. Mes éducateurs, le prolétariat d'alors, n'avaient eu d'autre choix que de se rallier à la cause du nazisme. J'ai un souvenir bien précis de ces années dites folles, le souvenir de gens en haillons qui défilaient et qui n'avaient qu'un seul mot en tête, le mot «faim», le souvenir aussi de ce livre de poèmes dactylographiés trouvé par hasard dans la bibliothèque de mes parents avec, sur la page de garde, cette phrase: «Achetez ce livre, je vous en prie. Un pauvre inconnu qui veut se débrouiller seul.» La deuxième période, c'est celle des bombardements des deux dernières années de la guerre ainsi que des attaques de l'Armée rouge pendant les deux dernières semaines d'avril 1945. Malgré leur souffrance, les Berlinois ont toujours gardé cette volonté de vivre et celle de préserver leur honneur et leur esprit... Vingt ans après, je suis retourné à Berlin et j'ai vu une ville en pleine exubérance où la joie de vivre s'exprime de façon plus intense que dans les autres villes d'Allemagne.

LISE GAUVIN: Dans les images du film, j'ai été frappée par les scènes de foule. J'y ai ressenti cette même exubérance ainsi qu'un besoin de rassemblement.

Il m'a semblé lire aussi dans ce film qu'à l'Est on reconstruisait, on reconstruisait le passé. Mais je n'ai pas perçu de symétrie du côté de l'Ouest. Serait-ce l'absence de présent qui fait qu'on reconstruit une sorte de modèle idéal du passé?

FERDINAND NOWAK: En effet, la reconstruction de Berlin est un phénomène complexe. L'étranger qui vient visiter Berlin sera peut-être déçu en constatant que Berlin-Ouest est une grande ville moderne tel qu'on en trouve beaucoup en Europe de l'Ouest. Par contre, en se rendant à Berlin-Est, il trouvera là un centre historique, ce qui a d'ailleurs permis à cette ville de s'affirmer d'autant plus facilement dans son rôle de capitale de la R.D.A. Berlin-Ouest, lui, a cherché son identité, il est longtemps resté le symbole de la guerre froide, des affrontements entre l'Est et l'Ouest, avant de devenir la capitale culturelle qu'il est actuellement.

Berlin-Est a connu plusieurs phases dans son développement. La première fut marquée par une vision soviétique, ce n'est que plus tard que l'Allemagne de l'Est a commencé à élaborer une vision historique propre, à définir le concept de culture prolétaire et de patrimoine culturel.

HANS-HERBERT RÄKEL: La récupération du patrimoine culturel est, me semble-t-il, le mobile qui a déclenché la promotion de la culture en R.D.A. Cette récupération — qui embrasse tous les domaines (reconstruction de la Schauspielhaus de Berlin, restauration dans un style d'époque de quartiers entiers, subventions aux orchestres et ensembles musicaux de renom) — se fait donc de façon sélective.

FERDINAND NOWAK: Contrairement, cependant, aux autres pays qui privilégient les grandes villes, ici cette réappropriation du passé est partie de la province avant de se faire dans la capitale. Prenons l'exemple du vieux Berlin, pour lequel on a été chercher les modèles à Rostock, ou pensons encore à la vie culturelle. Ainsi, les théâtres expérimentaux ne sont pas à Berlin-Est mais en province.

HARALD HARTUNG: Dans la mesure où il suppose patrimoine, le concept de culture prolétaire me semble problématique en R.D.A. Patrimoine suppose biens et possessions, or ces concepts n'ont de place que dans une société bourgeoise. La culture de la R.D.A., en s'appropriant la culture bourgeoise, n'est-elle pas qu'une forme altérée de la culture bourgeoise?

DIETGER PFORTE: J'aimerais ajouter qu'en Allemagne de l'Ouest, l'évolution du théâtre ne s'est pas faite à Berlin-Ouest mais à Bochum, Stuttgart, Brême, Hambourg, et ceci est bien dans la tradition allemande. Avant de devenir une réalité politique, le fédéralisme a toujours existé dans le domaine de la vie culturelle. Nous n'avons pas de capitale culturelle et nous devrions en être fiers.

Lire Montréal

GILLES MARCOTTE

Montréal: désir d'une ville

Il va sans dire que Montréal n'existe pas. Un poète belge a écrit: «Toi qui pâlis au nom de Vancouver», de sorte que Vancouver existe un peu, à la belge. Personne n'a écrit de phrase semblable à propos de Montréal. Il est vrai que Houston, Texas — au contraire de Dallas, Texas, pour les raisons que l'on sait — n'existe pas non plus. Ni Atlanta, Georgie. Ni Minneapolis, au Minnesota. Je pourrais citer des dizaines d'autres villes, en Amérique du Sud, en Europe, en Asie, en Afrique, qui ont ainsi droit au constat d'inexistence, mais je risquerais de désobliger beaucoup trop de gens.

En revanche, il va sans dire que Paris, New York, Pékin, Moscou, Hambourg, Avignon, Anvers et, par exemple, Berlin, existent. Un écrivain français, Jack-Alain Léger, s'est établi à Montréal il y a quelques années — je ne sais d'ailleurs pas s'il y est encore car il se plaignait récemment d'être mal à l'aise chez nous, d'y éprouver le sentiment d'une étrangeté linguistique et culturelle extrêmement pénible. Comme les États-Unis et la Grande-Bretagne, le Québec et la France sont deux pays séparés par la même langue. Dans son dernier roman, *Wanderweg*, Jack-Alain Léger évoquait le Berlin nocturne des années trente, avant la montée nazie, et c'était très convaincant, on avait l'impression d'y être; les pages qu'il avait consacrées à Montréal dans son roman précédent, par contre, n'ont laissé aucune trace dans ma mémoire. Je ne connais pas un seul écrivain français qui ait écrit des choses intéressantes sur Montréal. Michel Tournier, qui a de l'imagination, s'y est essayé; d'autres aussi, de temps à autre, au retour d'une tournée de conférences. Le cœur n'y était pas. Entre un bouge à Hambourg et une taverne à Montréal, on ne balance pas longtemps.

Une ville qui existe — du point de vue qui m'occupe et que vous avez sans doute déjà compris —, c'est d'abord de l'histoire, une certaine profondeur temporelle, un discours historique. Or, les événements dont Montréal garde la trace sont de peu de poids dans la conscience occidentale. Qui se souvient à part nous de la révolte de 1837 — que, d'ailleurs, timides, nous appelons souvent par euphémisme «les troubles»? Il faut revenir très vite à l'histoire contemporaine pour trouver des événements montréalais dignes de mention dans la presse internationale, sinon dans l'histoire au sens fort, et ils sont groupés autour de l'exclamation du général de Gaulle: «Vive le Québec libre!», lancée en 1967 du haut du balcon de l'hôtel de ville (c'est notre scène du balcon). C'était également l'année de l'Exposition universelle. Décidément, une bonne année pour Montréal. Suivront quelques actions terroristes assez spectaculaires qui attireront chez nous des hordes de journalistes étrangers, puis, quelques années plus tard, les Jeux Olympiques. Il nous fallait un grand homme, le voici: le maire Jean Drapeau, roublard, un peu mégalomane, indestructible, celui-là même dont rêvait Montréal, c'est-à-dire le contraire d'un grand homme, d'un héros. Il y en aura un autre.

Une ville qui existe, c'est aussi un lieu, une place, un monument qui signifie métonymiquement l'ensemble urbain: le Mur à Berlin, les Champs-Élysées à Paris, les plages à Rio, la Grand-Place de Bruxelles, Times Square à New York. Parlerons-nous du quartier dit du Vieux-Montréal? J'y ai travaillé pendant assez longtemps au cours des années cinquante, alors qu'il n'était pas encore vieux, ancien, historique. C'était un quartier sale, comme le sont généralement les quartiers portuaires, d'autant plus sale qu'il contenait un grand marché tout plein de victuailles appétissantes pour les rats. Astiqué, rebâti, réinventé, il est aujourd'hui envahi par les *yuppies* et les touristes. J'y vais de temps à autre pour me dépayser, pour m'égarer dans une gravure d'époque. Si l'on veut trouver une histoire un peu plus vraie, plus concrète, c'est dans un autre lieu qu'on se rendra, tout près d'ici, au lieu qui n'attire ni les *yuppies* ni les touristes, mais des pèlerins: l'Oratoire Saint-Joseph. Dans le dictionnaire Robert des noms propres, la photo qui représente Montréal est ainsi composée: au fond, tout au fond, le fleuve Saint-Laurent bordé d'une tache rose et blanc qui constitue sans doute le centre-ville; puis, plus près de nous, beaucoup d'arbres et au centre, tout à fait au centre, au centre de tout, l'Oratoire Saint-Joseph. C'est ici, assurément, le lieu sacré de Montréal, qui continue de prospérer malgré la désaffection religieuse de «la ville aux cent clochers». Montréal devenant de plus en plus une ville d'immigration, ce lieu a débordé ses limites confessionnelles et accueille maintenant — j'ai pu m'en rendre compte l'an dernier, à l'occasion d'une exposition — des familles d'origine hindoue, vietnamienne, chinoise et je ne sais plus encore, venues trouver là peut-être, sous une autre forme, ce qu'elles avaient abandonné dans leur pays d'origine. Mais Montréal, le Montréal du discours, ne parle pas volontiers de son Oratoire Saint-Joseph; il en est un peu gêné, comme de son fondateur, l'humble frère André. Voici l'autre grand homme que j'annonçais tout à l'heure, à qui l'on vient de consacrer un long métrage et qui sera sans doute canonisé *urbi et orbi* d'ici quelque temps. C'était un petit thaumaturge assez fruste, de caractère peu commode. Les critiques de cinéma — représentants, en l'occurrence, du Montréal qui se parle — ont eu quelque mal à masquer leur commisération apitoyée d'esprits éclairés devant ce monument d'obscurantisme. Au contraire du Sacré-Cœur de Montmartre qui s'est émancipé de sa fonction religieuse première, l'Oratoire Saint-Joseph et l'image de son fondateur ont conservé une fonction spirituelle qui les empêche de jouer pleinement, aujourd'hui, leur rôle métonymique.

Deux autres lieux, plus modernes et même tout à fait récents, signifient Montréal aux yeux du monde occidental (j'espère que l'enthousiasme ne m'emporte pas trop loin): le site de l'Exposition internationale de 1967 et le stade olympique. Toutes deux œuvres du maire Drapeau, ces deux places ont quelque chose en commun, outre la paternité:

l'inachèvement. Quand l'Exposition a fermé ses portes, en 1967, il aurait été normal que chaque pays démolît son pavillon, que le tout fût bien nettoyé et qu'on gardât seulement, en souvenir de la chose, un ou deux monuments. Mais le maire Drapeau n'allait pas se laisser priver de son plus beau domaine: il décida de garder le tout, pour la plus grande joie des visiteurs de l'âge d'or. Cela pourrit actuellement sur place. Montréal est la ville qui n'a pas voulu, qui n'a pas pu mettre fin à son exposition. À l'inverse, le stade olympique, construit à grands frais d'après les plans d'un architecte parisien qui n'avait pas une vaste expérience de l'hiver, semble porter dans son mât la marque d'un inachèvement qui était d'ailleurs encore bien réel il y a quelques mois à peine. Si vous n'avez pas encore vu ce grand mât coupé, ce moignon de mât élevant quelque protestation contre le ciel incompréhensif, demandez qu'on vous conduise sur le flanc est du mont Royal. De là, la vue est parfaite et vous verrez, c'est très beau, très émouvant, presque tragique. Je tremble à la pensée qu'on pourrait un jour installer à son sommet — c'est le vœu du maire Drapeau — un restaurant tournant. Il me semble que ce serait un sacrilège.

Ces deux lieux, Terre des hommes et le stade olympique, sont interminables, inachevables dans la mesure où ils relèvent de l'ordre du rêve, du désir avec lequel on n'en a jamais fini — et, à ce titre, ils disent quelque chose d'essentiel sur Montréal. Montréal est moins un ensemble urbain constitué qu'un rêve, un projet, à la limite une utopie. Tel, il se présente, explicitement, à sa naissance, sous le nom de Ville-Marie. Le récit de la fondation de Montréal a l'aspect d'une légende pleine de songes prémonitoires, de rencontres miraculeuses, d'aventures extraordinaires. Un pieux laïc, Monsieur de la Dauversière, reçoit en songe mission d'établir des religieuses dans l'île de Montréal; par le plus grand des hasards, il rencontre un jeune prêtre, Monsieur Olier, désireux lui aussi de faire quelque chose à Montréal. Comme il y a des Iroquois sur l'île, il faut un chef militaire: on le trouvera, pieux à souhait, dans la personne de Monsieur de Maisonneuve. On cherche une économe et infirmière: une sainte fille se présente, appelée Jeanne Mance. Les mystiques ne sont pas hommes — ou femmes — à perdre le nord, comme on sait, et il faut observer que la fondation sur l'île de Montréal d'une colonie urbaine présentait des avantages politiques et économiques non négligeables, mais le discours fondateur veut tout ignorer de ces choses. La nouvelle ville ne devait être rien d'autre, selon ceux qu'on appelait en France les Messieurs de Montréal, qu'une œuvre de restauration religieuse, la création dans le Nouveau Monde d'un monde véritablement nouveau. Comme l'écrit un historien français aujourd'hui oublié, mais dont le style onctueux participe du rêve même dont il rend compte: «La déchéance des sauvages, les raffinements de la civilisation, avaient également gâté, des deux côtés de l'océan, l'œuvre créatrice. Dans cette île vierge qu'était Montréal, des âmes pures allaient promulguer la loi divine. Elles la voulaient appliquer dans son intégralité: réaliser le plan primitif du Créateur, qui exigeait qu'on exploitât toute terre nourricière, et puis, sur cette terre ainsi soumise, subjuguer l'homme sous l'Évangile, à mesure que les ressources extorquées du sol par le travail provoqueraient un afflux humain.»

Un Montréalais, aujourd'hui, surtout s'il a fréquenté dans sa jeunesse ce genre de texte, n'est pas sans éprouver une certaine gêne lorsqu'il reprend contact avec des images d'Épinal, des pieuseries (j'utilise les propres mots du Montréalais) qu'il croyait rangées pour toujours dans l'armoire aux mauvais souvenirs. Si vous prononcez devant lui le nom de Ville-Marie, il pensera d'ailleurs plus volontiers au gratte-ciel cruciforme du centre-ville et se dira que, décidément, il fallait être anglophone, canadien ou américain, pour avoir une telle idée. C'est que Ville-Marie, la vraie, est morte. Elle est morte très précisément en 1763, l'année de la conquête anglaise. La ville que plus tard on appellera la «ville aux cent clochers», celle qui a vu naître et prospérer l'Oratoire Saint-Joseph, n'est qu'un décalque maladroit de Ville-Marie, aussi éloignée de la ville d'origine que les miracles du frère André le sont des songes aristocratiques de Monsieur de la Dauversière. Je vous invite à faire un saut d'un peu moins de deux siècles. Peu importe ce qui s'est passé durant ces 200 ans, il y a eu, comme on dit, des mouvements divers: les Anglais —

nous aurons à en reparler, de ceux-là — ont fait, selon leur détestable habitude, du commerce et de l'industrie, au point que Montréal — mais quel Montréal? — est devenu au début du XXe siècle la métropole du Canada et n'a cessé par la suite de se barder de fer, de béton et de brique, comme toutes les villes qui se respectent; ensuite, la population francophone s'y est engouffrée de plus en plus massivement, appelée notamment durant les années quarante par l'industrie et — disons-le, osons le dire — la prospérité des années de guerre et d'après-guerre. Il serait normal en quelque sorte, si l'on pense aux mouvements de pensée qui se développent à la même époque dans la plupart des pays occidentaux, que se produisît ici un discours critique sur la ville, un discours de contestation ou à tout le moins d'inquiétude. La contestation de la ville a lieu, oui, mais sous sa forme archaïque, nostalgique, moralisante, infiniment éloignée des *topoï* modernes de la critique sociale.

Tout se passe comme si la ville n'existait pas encore et que, selon le discours traditionnel, qu'on a appelé ici «agriculturiste», il était possible de lui résister, d'empêcher même qu'elle soit créée. Pour les progressistes, d'autre part, la ville n'existe pas davantage mais elle est appelée avec une ferveur extrême, comme la figure toute positive d'un avenir enfin ouvert. Ici apparaît, pour la deuxième fois dans l'histoire de Montréal, le désir qui la constitue. Quand, au début des années cinquante, un groupe de jeunes intellectuels en rupture de ban avec la définition traditionnelle du Canada français — parmi eux, le futur premier ministre du Canada, Pierre Elliott Trudeau — décide de fonder une revue, il n'est sans doute pas indifférent qu'elle reçoive le nom de *Cité libre*. La société dans sa réalité vraie, dégagée des idéologies passéistes, la société dans son avenir ne peut s'imaginer que sous la forme urbaine. Une ville à construire, donc. Une ville qui n'est pas encore là, qui n'a pas encore une âme, comme le dit le personnage principal d'un roman de Gérard Bessette paru en 1958, *La Bagarre*. Pour ce personnage, dont le nom, Jules Lebeuf, trahit des origines indubitablement paysannes, le désir de ville est si puissant, si envahissant qu'il se confond avec le désir même de l'écriture. Écrire, pour lui, écrire un roman, c'est inévitablement, nécessairement, écrire le roman de Montréal, créer Montréal, lui «donner une âme». Il met ainsi en plein jour un désir qui habite, plus ou moins masqué, bon nombre de romanciers montréalais. Dans un des passages les plus explicites du roman, à ce propos, Jules Lebeuf monte au sommet du mont Royal — comme le font, depuis le XIXe siècle, la plupart des écrivains québécois qui ont voulu saisir Montréal, le donner à lire dans sa totalité — et appelle pour ainsi dire la ville à l'existence.

> «Puissamment arquée vers le centre par un ancien volcan, l'île fendait le fleuve gigantesque comme une étrave de bateau. C'était la nuit. La ville dormait. Accoudé au parapet de l'observatoire, le dos tourné au chalet du mont Royal, Jérôme — c'est-à-dire Jules Lebeuf — contemplait la métropole immense.
>
> Quelques centaines de pieds plus bas, des traînées de lumière, serrées et régulières comme des points de couture, suivaient le tracé des grandes artères. Plus loin, enjambant le fleuve...»

On aura compris, en lisant cette prose tendue, difficultueuse, guindée, que le projet de Jules Lebeuf ne pouvait réussir. Il s'y prenait mal sans doute, se croyant encore à l'âge du réalisme balzacien ou de l'unanimisme de Jules Romains. La description totalisante n'est plus, aujourd'hui, une opération rentable. Les grands mythes littéraires urbains de la modernité, le Paris de Proust, le Dublin de Joyce, le Berlin de Döblin, la Vienne de Musil, le New York de Dos Passos, se sont évidemment créés sur un autre mode, à partir d'un fractionnement du regard, de la perception. Je sais bien que j'énonce là une terrifiante banalité, mais il me semble qu'elle prend dans le contexte montréalais un sens plus aigu qu'ailleurs. Même si les signes de la ville sont devenus plus riches, plus divers dans le roman québécois du dernier quart de siècle, comme le montrera sans doute Jean-François Chassay dans sa communication, il semble que la réalité montréalaise résiste de toutes ses fibres à la mythification. Peut-on essayer de dire pourquoi?

Je vous annonçais tout à l'heure que je vous parlerais des Anglais. J'y suis. Cette ville, Montréal, qui n'existe pas, d'autre part existe trop, puisqu'elle existe en double, et la surabondance explique peut-être la carence. Ce dont je vous parle depuis le début de cette communication n'est qu'une moitié de Montréal, celle à qui s'adressait exclusivement le général de Gaulle dans la scène fameuse du balcon; l'autre, il est assez facile de l'ignorer comme je viens d'en faire la démonstration, mais au moment le moins prévu elle réapparaîtra comme le diable sort de sa boîte et brouillera tous nos discours en les affublant d'un double mal accepté, mal compris, souvent refusé avec une farouche résolution. Bien que la loi 101 fasse de la métropole comme de l'ensemble du Québec une région francophone, il n'en reste pas moins que par son histoire, par son économie, par sa culture même, Montréal est une ville autant — et à certaines époques plus — anglaise que française. Or, le Montréal anglophone et le Montréal francophone ne coïncident pas. Un romancier de langue anglaise ne s'aventurera guère, vers l'est, au-delà de la rue Saint-Laurent, ou à la rigueur de la rue Saint-Denis; son collègue de langue française, devenu plus audacieux ces dernières années, fera des excursions dans l'ouest de la ville mais ne mettra pas souvent les pieds à Westmount ou, au-delà, dans le quartier qu'on appelle Montreal-West. Il arrive qu'ils se rencontrent dans le même lieu — par exemple Jean Basile, Andrée Maillet et Hugh MacLennan rue Sherbrooke, Mordecai Richler, Yves Thériault et André Vachon dans le quartier de la rue Saint-Laurent que nous appelons poétiquement la *Main* —, mais en les lisant on s'aperçoit qu'il ne s'agit pas en réalité du même lieu. J'aime beaucoup la rue Sherbrooke de MacLennan: je m'y rends en étranger, en touriste, toujours avide de me perdre dans ce lieu étrange qui ressemble étrangement, bizarrement au mien. J'y rencontre très rarement — je parle du roman, non de la rue — des personnages francophones; quand il y en a, ce sont généralement des êtres assez pâles, des sous-alimentés de l'imaginaire, des canards de bois voués à la couleur locale. Du côté français, les choses sont plus nettes encore: le personnage de l'autre langue est presque complètement absent, à une exception près mais profondément significative: le Juif. Celui-ci, qui apparaît assez fréquemment dans le roman québécois des 20 dernières années, échappe donc à la proscription qui frappe le Canadien anglais d'origine britannique. Aimé ou craint, ami ou ennemi, de toute manière il attire. Peut-être est-il le seul personnage véritablement, radicalement, montréalais si Montréal est vraiment ce mélange, cette bigarrure, cette Chose composite que francophones et anglophones de naissance refusent d'un commun accord. Peut-être aussi, dans la même perspective, faut-il dire que l'écrivain juif est le seul écrivain véritablement montréalais. Je pense au poète, essayiste et romancier A.M. Klein, et particulièrement à son poème intitulé *Montréal* où il fait se rencontrer, se modifier mutuellement, dans une langue quasi joycienne, les vocabulaires anglais et français de la métropole. J'en citerai deux strophes, dans la très belle, la très subtile traduction qu'en a faite mon collègue Robert Melançon:

> Ô cité métropolis, isle riveraine!
> Tes anciens pavements et roades sanctifiées
> croisent les avenues conjurées de mon esprit!
> La splendeur érablique de tes promenades
> Foliole là, et là ta maiçonnerie
> De balcons pendants et d'escaliers dégringolants,
> Unique dans l'habitat anglais,
> C'est, toute vive, la Normandie!
> [...]
> Grand havre de navigations, multiples
> Les lexiques décarguent à tes quais,
> Sonoreux même s'ils me sont étranges; mais
> surtout moi,
> Auditeur de ta musique, je chéris le
> Vocabulaire conjoint mimélodié
> Où vocable anglais et roulement écossique,
> Mollifiés par le parlé français,
> Bilinguisent ton air!

Le Montréal de A.M. Klein existe-t-il ailleurs que dans son poème? Malgré la richesse et la justesse de ses éléments descriptifs, on a l'impression qu'il appartient lui aussi, et même plus que les autres, au règne du rêve, du désir, de l'utopie même, dans la mesure où il fait l'économie d'une très désagréable réalité, celle de la lutte des langues. Montréal est une mosaïque assurément — et tout écrivain francophone un peu lucide sait qu'il ne serait pas ce qu'il est s'il ne vivait dans cet «air» bilinguisé dont parle A.M. Klein — mais aussi une arène où se livrent des combats linguistiques qu'aucune loi, semble-t-il, ne peut apaiser. Aux dernières nouvelles, plus de la moitié des nouveaux élèves, dans certaines écoles francophones de Montréal, étaient de récents immigrants venus de Haïti, du Viêt-nam, de l'Inde, des Caraïbes et d'ailleurs.

MONIQUE LARUE ET JEAN-FRANÇOIS CHASSAY

Espace urbain et espace littéraire

Dans *Une partie pour Berri*, récit typique du roman montréalais récent, deux amies nommées Albanel et Shawinigan
«s'amusent à fouiller dans les romans québécois oubliés de la
précédente génération». Elles «dessinent des cartes chaque
jour plus précises et détaillées d'un territoire abstrait, baro-
que et vaguement menaçant, une sorte de catacombe peu-
plée de goules et de sorciers, sous la ville». Elles prétendent
qu'on ne peut pas «pénétrer Montréal» si on n'a pas d'abord
«percé le secret de cet abîme». Faut-il passer par les livres
pour comprendre la ville? «La forme d'une ville change plus
vite... que le cœur d'un mortel», dit Julien Gracq, et les livres
sont les archives de l'espace urbain. Qui se souviendrait
aujourd'hui du caractère quasi médiéval du Montréal in-
dustriel d'après-guerre, où la verticalité des gratte-ciel ne
s'interposait pas encore dans le face-à-face Saint-Henri/
Westmount et, plus généralement, entre le bas de la ville,
gris et pauvre, et le haut, vert et hérissé de châteaux, s'il n'y
avait eu *Au milieu la montagne* de Roger Viau, *Bonheur d'occasion* de Gabrielle Roy, *La Nuit* de Jacques Ferron, et tant
d'autres expressions d'une expérience conflictuelle, aliénante
et douloureuse? La ville se stratifie historiquement, elle
s'opacifie, et quand d'anciens conflits sont refoulés de la
surface, l'imaginaire littéraire en conserve la trace.

Pourtant, il reste difficile de discerner si, lorsqu'on lit la
description d'un lieu en regardant ce lieu, celui-ci en devient
plus réel ou plus fictif. La ville est-elle moins irréelle, nous
appartient-elle davantage une fois qu'on a lu et analysé plus
de 170 romans s'y déroulant en tout ou en partie? Ce n'est
pas évident. La notion d'espace comporte celle d'infini, et il
y a effectivement une dimension infinie à la connaissance de
tout lieu. La ville résiste autant que les romans à notre
préhension. Deux fictions se mirent.

S'il n'est donc pas possible d'ancrer la dialectique spéculaire de l'espace urbain et de l'espace littéraire, nous en
diviserons néanmoins les moments pour les fins du présent
exposé. Je vous présenterai quelques aspects de la topographie de l'espace montréalais reconstitué inductivement à
partir des romans, alors que Jean-François Chassay mettra en
rapport l'expérience de la ville et le développement de l'onomastique et de l'intertextualité dans le roman montréalais.

Géographie romanesque de Montréal, par Monique LaRue

Pour les sémioticiens, un espace se constitue quand, dans
l'étendue indifférenciée, un lieu devient un ici par rapport à
un ailleurs. Cette focalisation est constitutive d'un sens,
d'une forme élémentaire. À Montréal, cette articulation
première fut d'origine française, et mystique. Éprouvant le
besoin de revenir aux sources, certains romanciers évoquent
Ville-Marie et la vision de Jacques Olier qui reçut de Dieu la
mission de venir évangéliser les Amérindiens. L'écrivain
français Robert Marteau, dans un livre intitulé *Mont Royal*,
parle quant à lui de «l'énormité du désastre ainsi perpétré.
Un esprit ébranlé par le besoin de certitude couvre le forfait
de la volonté divine». Le sacré est toujours présent dans «la
ville aux cent clochers», qui fut à ses heures ultramontaine et
puritaine, et où continue de s'exercer, comme pour le *Satan
Belhumeur* de Victor-Lévy Beaulieu attiré par les rabbins de
la rue Saint-Laurent, une fascination profonde pour la
dimension religieuse.

Cependant, malgré et peut-être aussi à cause de cette
univoque vocation originaire, Montréal, qui devient brus-
quement, après la conquête, une ville de majorité anglaise,
met beaucoup de temps à devenir un ici littéraire, un lieu
d'énonciation accepté de la littérature québécoise balbutiante
et retranchée dans ses villages et ses idéologies de conservation. Deux des tout premiers romans québécois se passant

à Montréal s'intitulent ainsi *Les Mystères de Montréal*. L'allusion à Eugène Sue, autant que la pauvreté des rebondissements, mettent clairement la ville en relation inégale avec la ville entre toutes qu'est Paris, dont Montréal ne saurait être que l'ailleurs et le substitut insatisfaisant.

Ville coloniale, ville provinciale, ville marginale, ville d'exil, ville isolée par son insularité et par sa septentrionalité, Montréal conserve dans son architecture la mémoire du régime français, surtout dans son berceau, le Vieux-Montréal. Quand l'autoroute est-ouest ne sépare pas encore ce quartier du reste de la ville, les romanciers sont nombreux à se rattacher à un foyer d'insurrections qui abrite les mânes de Papineau. Ils le font soit avec amertume comme Hubert Aquin qui y termine de façon ambiguë son *Prochain Épisode*, soit avec nostalgie comme Robert de Roquebrune, soit avec ironie comme Jean Basile, à qui le balcon de l'hôtel de ville, où de Gaulle prononça les paroles que l'on sait, rappelle plutôt la trahison de Louis XIII. *Le Nez qui voque* de Réjean Ducharme est peut-être le plus poignant de ces romans, dans lequel Mille-Milles, qui a 16 ans mais qui dans son cœur en a 8 et ne veut pas vieillir, se réfugie sur la rue Bonsecours, dans l'enfance de la ville, et fait un pacte de suicide avec Chateaugué pour ne pas trahir.

Le carré Saint-Louis, avec le quartier Saint-Denis qui l'avoisine, est également un des foyers les plus permanents de l'imaginaire montréalais. D'abord quartier résidentiel bourgeois, il est depuis toujours hanté par les écrivains et par la bohème, de Nelligan qui y habita à Gauvreau qui y vécut ses derniers jours, pour ne parler que des poètes qui sont évoqués dans les romans. Avec la construction de l'Université du Québec, il renoue avec sa vocation de quartier latin, et dans les années soixante-dix, l'ex-hobo Jean-Jules Richard observe avec sympathie les *hippies* qui l'envahissent et dont les visions psychédéliques déforment le buste d'Octave Crémazie. Si les romans des années quatre-vingt peuvent donner l'impression que le lieu a été complètement récupéré par la nouvelle classe des *yuppies* qui fréquentent les bars et les restaurants aux noms français qui constellent la rue Saint-Denis, un des derniers romans qui s'y passent — et que

Dany Laferrière, auteur d'origine haïtienne plus montréalais que nature, intitule ironiquement *Comment faire l'amour avec un nègre sans se fatiguer* — maintient le flambeau d'une inconditionnelle marginalité. Son narrateur, qui lit le coran, écoute du jazz et partage son sens de l'érotisme avec des «Miz littérature» consentantes, est tout à fait dans l'esprit du lieu.

La rue la plus fréquemment nommée du roman montréalais est cependant la rue Sainte-Catherine, et ce n'est pas là une statistique insignifiante. Cette rue, qu'aucun écrivain ne décrit comme vraiment belle, joue en effet un rôle charnière, transgressant la division de la ville en deux parties et subsumant pour ainsi dire toutes les contradictions de Montréal, qui sans elle ne serait, à une certaine époque, que le territoire trop connu des deux solitudes et vraiment pas une ville. La rue Sainte-Catherine est un formidable échangeur de pauvreté et de richesse, et nombreux sont les trajets qui mènent les villageois du Hochelaga de Roger Viau ou Jean Hamelin, ceux du Plateau Mont-Royal de Michel Tremblay, ceux de la Petite Patrie de Claude Jasmin, aux vitrines de la rue Sainte-Catherine. Dans l'est, les affiches y sont en français. Pendant longtemps, à partir du square Philipps, on pénètre dans le secteur de l'unilinguisme anglais. Au-delà, c'est l'ouest, véritable *Terra Incognita* que le roman montréalais explorera dès les années soixante, dans *Le Couteau sur la table* par exemple, et conquerra après 1970. Malgré l'amertume qu'elle soulève, «la Catherine» comme on l'appelle, et que l'on fréquente souvent le soir lorsque les néons et la nuit la parent d'une aura un peu fantastique, comme si elle était la clef secrète de la ville, exerce une fascination certaine. Elle est tout à la fois la rue la plus identifiée à l'américanité de Montréal et une rue spontanément aimée par les citadins naïfs que sont longtemps les francophones.

Mais l'artère la plus mythifiée reste le boulevard Saint-Laurent, où la bigarrure produite dans le temps par la juxtaposition de lieux et d'ethnies hétéroclites exerce sur l'imaginaire montréalais le pouvoir d'attraction des voyages intérieurs. Frontière légendaire, la rue Saint-Laurent participe à sa manière au mythe *western*, dans les romans d'André Major par exemple, quand elle croise la rue Sainte-Catherine avant de se transformer en ce creuset où francophones et anglophones rencontrent ces «Juifs hongrois, polonais, autrichiens, russes, etc., qui tiennent boutique ou bien ont des magasins de gros, des ateliers de confection» que décrit en 1966 André Maillet. Si la rue Saint-Laurent rejoint à ce point l'imaginaire des Montréalais, c'est peut-être parce qu'elle ouvre dans cette ville éclatée et depuis toujours aimantée vers l'ailleurs français ou américain, dans cette ville où les terrains de stationnement tiennent lieu de ruines, un espace culturel qui se renouvelle sans cesse. Espace d'odeurs, de couleurs, d'exotisme et de cosmopolitisme, qu'on ne saurait fixer et qui alimente la boulimie de nouveauté. Sur la *Main*, comme on l'appelle entre Montréalais, la fiction se mêle à la réalité, le poncif et le stéréotype cohabitent avec le neuf et l'étonnant.

Ces lieux et quelques autres — comme Outremont, longtemps le névralgique symbole d'une certaine trahison de l'élite francophone, le Plateau Mont-Royal, où les escaliers extérieurs et les balcons, expressions architecturales typiques, sont choisis par Michel Tremblay pour y installer les Parques de Montréal que sont Mauve, Violette et Rose, les gratte-ciel, incarnations de l'espoir économique, Côte-des-Neiges, ancien village transformé par l'Université de Montréal — articulent la forme imaginaire de la ville. Celle-ci est tracée par les mouvements d'aller et de retour des personnages romanesques, rattachant les quartiers périphériques, comme le *Moréal Mort* de V.-L. Beaulieu, aux centres de l'urbanité où se regroupent ces restaurants, bars, tavernes, théâtres, cinémas qu'énumèrent et que fréquentent avec euphorie les narrateurs et narratrices de romans, et qu'il serait malheureusement trop long de présenter ici.

Un fil d'Ariane parcourt ainsi l'espace fragmenté dans les romans. Il fait, autour de ces quelques pôles familièrement hantés, d'irréguliers pelotons marquant l'habitude et l'habitat, presque dans le sens heideggérien du terme. La convergence de ces itinéraires urbains nous rappelle que la ville est, comme l'écriture, une spatialisation du temps, un monogramme, et que les usagers de la ville, dans cette perception intime de l'espace que marquent leurs trajets fictifs, sont autant de lecteurs implicites de Montréal. Peut-être n'est-ce qu'une fois la ville devenue un lieu au sens existentiel, que ses langages peuvent se transformer en écriture. Ce sera l'objet de la deuxième partie de cet exposé.

La ville et ses langages: le discours culturel, par Jean-François Chassay

Montréal n'aura pas eu son *Berlin Alexanderplatz* ni son *Manhattan Transfer* dans les années trente. Personne n'aurait songé à l'époque à intituler un roman *Passage boulevard Saint-Laurent* ou *Montréal, Place Jacques-Cartier*. La ville n'avait pas encore trouvé son espace littéraire et elle prendra plus de deux décennies pour le conquérir et, pourrait-on dire, l'apprivoiser. Dans les années trente, les incursions vers la ville sont encore rares, quasi inexistantes. Le roman préfère s'en tenir aux campagnes enneigées et les personnages qu'on y découvre entendent avec suspicion le murmure de la métropole, qui pour eux n'est qu'un tumulte à éviter. On trouvera bien sûr quelques exceptions mais qui ne changent pas, loin de là, le portrait de famille: le roman québécois, de façon générale, se tient loin de la ville. Ce n'est qu'au cours des années cinquante, malgré quelques parutions importantes lors des années quarante, que le genre va se déplacer pour de bon. À la fin des années soixante, pas avant, on pourra parler sans exagération, c'est-à-dire sans se limiter à des cas isolés, d'un roman montréalais.

Or, la ville est le lieu du savoir. C'est là d'abord que circule l'information. Peut-être faut-il ainsi expliquer ce que j'appellerais la frénésie onomastique du roman montréalais, qui s'est développée depuis une quinzaine d'années. De manière très accentuée, le roman montréalais cite, nomme, désigne, comme si un rattrapage était nécessaire, comme s'il fallait, après toutes ces années où le savoir demeura dans l'ombre, l'exposer avec le maximum d'intensité. Car c'est bien de cela qu'il s'agit: d'une apparition massive du savoir dans les textes. D'une part, ceux-ci sont alimentés par la ville, par l'écriture et les événements produits par le monde urbain; d'autre part, la place prise par le corpus littéraire ou culturel de manière plus spécifique — une érudition issue de la ville en quelque sorte —, la propension au relevé onomastique, s'insèrent dans cette masse d'information, ce qui permet de retrouver dans le roman ce qu'on pourrait, à maints égards et de manières très diversifiées, nommer un relevé de connaissances. Il serait présomptueux d'affirmer qu'il s'agit là d'un trait spécifique à la littérature montréalaise et qu'on ne trouve pas dans d'autres corpus littéraires urbains. Cependant, nul doute qu'il s'agit bien d'un trait caractéristique.

Le lecteur reconnaîtra bien sûr dans nombre de romans se déroulant dans différentes villes des références culturelles précises qui, généralement, s'insèrent naturellement dans le cadre du récit. Le cas du romancier américain Philip Roth est exemplaire à cet égard. Lorsque le narrateur d'un de ses romans est professeur de littérature, ce qui se produit souvent, il est normal de voir apparaître au fil des pages de nombreux noms d'écrivains. Le roman montréalais, par contre, étonne par la gratuité de la masse d'informations qu'on y découvre. À la limite, le lecteur se trouve face à une espèce de délire, comme si, pour exprimer le réel urbain, il fallait mettre en scène tous les langages, croiser les discours, heurter des systèmes divergents pour laisser s'épanouir, sans restriction, la passion de la ville. Du livre au slogan publicitaire en passant par l'information télévisée, la ville parle et il n'y a pas toujours de démarcation entre ce qui est dit par le narrateur et ce qui est dit par la ville. La citation participe d'un amalgame qui fonde le texte. À mesure que le Québécois s'urbanise, le savoir fait son entrée dans le roman sous différentes formes et l'intertexte va prendre une place de plus en plus active dans le processus de structuration du roman.

Puisqu'il m'est difficile dans le cadre de cet article de présenter de nombreux exemples des méthodes d'utilisation de la citation culturelle, j'essaierai de donner une vue d'ensemble du phénomène et de soulever quelques hypothèses. Je communiquerai ainsi au moins quelques données sur cette prolifération onomastique à partir d'un corpus de 175 romans montréalais, la plupart publiés après 1960, et à partir desquels nous avons effectué notre travail.

Qu'il me soit donc permis de schématiser, de donner quelques titres ou dates clés, et de proposer des hypothèses globalisantes nécessairement réductrices. Ces précautions étant prises, et considérant que ce qui sera dit devra être mis, en quelque sorte, entre guillemets, je vais proposer un bre parcours historique que je terminerai par quelques exemples qui permettront de voir comment l'information culturelle s'insère dans les textes.

C'est un lieu commun de l'analyse historico-littéraire québécoise que de dire que *Bonheur d'occasion* de Gabrielle Roy marque l'arrivée en ville du roman québécois francophone contemporain. Mais le quartier Saint-Henri est encore à l'époque une termitière villageoise, comme on a pu l'écrire, et rien n'indique encore dans ce roman une appartenance très marquée à la ville. La véritable arrivée en ville, je la verrais plutôt dans des romans subséquents comme *Au milieu la montagne* de Roger Viau dont le titre est déjà symptomatique de son appartenance à Montréal, et surtout *Alexandre Chenevert*, également de Gabrielle Roy. D'une part parce que Alexandre, le principal protagoniste du récit, ne se reporte jamais vers la campagne comme étant le lieu de ses origines. S'il est brisé, écrasé par la ville, il ne peut imaginer la vie autrement. C'est un citadin à part entière. Mais surtout parce que Alexandre est assailli par la propagande et la publicité, parce qu'il est écrasé sous les signes de l'information urbaine. «Et où était la vérité dans cette masse d'écrits?» peut-on lire dans le roman. «Alexandre vivait à l'âge de la propagande.» L'afflux d'information est important, celle-ci vient régulièrement nourrir mais également entraver la pensée d'Alexandre qui ne s'y retrouve plus. Il a commencé à questionner la ville qu'il habite mais il n'en a pas encore pris possession et n'a pas encore fait sa propre lecture de cet espace urbain.

Deux autres romans, publiés dans les années cinquante comme *Alexandre Chenevert*, vont également faire preuve, d'une nouvelle manière, d'une insertion du roman dans la ville: *Les Inutiles* d'Eugène Cloutier, publié en 1956, et *Les Vivants, les morts et les autres* de Pierre Gélinas, publié en 1959, reproduisent tous deux, de façon d'ailleurs quasi identique, un événement montréalais mythique, à savoir la célèbre émeute du Forum qui fit suite à la suspension du joueur de hockey Maurice Richard. L'intérêt ne vient pas de la mention de cette scène dans le roman mais plutôt de son intégration dans celui-ci, puisqu'elle vient influer sur la marche du récit. Voilà que le texte fait ressurgir l'événement, s'ouvre sur le réel. L'auteur puise dans ce matériel, qui est recyclé, réutilisé, et qui donne au texte son dynamisme. Peu à peu, l'emploi du paralittéraire au sein du romanesque augmente l'entropie du genre et le fait échapper à un espace définitionnel restrictif.

Mais, en cette fin des années cinquante, certains aspects du roman montréalais obligent encore à voir la ville comme un carcan, comme un milieu angoissant qu'on subit plus qu'on n'y vit. Pour que le Montréalais, la Montréalaise, s'y retrouvent dans cette masse d'information qui circule à travers la ville, pour que le narrateur puisse faire des choix, proposer des pistes au lecteur, il faut qu'il cesse de se sentir dominé par la ville. Il ne faut plus seulement qu'il sente qu'il lui appartient de corps et d'esprit mais également que celle-ci lui appartient. En ce sens, *La Jument des Mongols* du romancier Jean Basile, publié au début des années soixante, marque une étape importante dans la transformation du roman montréalais. Pour une des premières fois, et pour la première fois de façon aussi manifeste, un roman permet de découvrir, chez des personnages, un véritable attachement à Montréal. On pourrait multiplier les exemples: chaque fois que le narrateur a des problèmes qu'il ne sait résoudre, il se tourne vers la ville et c'est elle, littéralement, qui lui remonte le moral. Dans ce roman, il y a non seulement prolifération d'indices culturels mais également un grand nombre d'emprunts, avoués par l'auteur.

À partir de ce moment, Montréal va peu à peu envahir le paysage romanesque, surtout à partir du début des années soixante-dix. Autant, dans la mouvance du nationalisme politique, la littérature québécoise des années soixante a été marquée par la thématique du pays, autant, depuis plus de 10 ans, elle tend à s'identifier à un paysage et principalement au paysage urbain. Au désir d'un territoire national intériorisé par l'écriture s'est substitué un plaisir du lieu que l'on voit tous les jours, sans pour autant que le regard qui y est posé soit limitatif puisque la ville exprime le monde moderne et met en scène sa complexité.

Le discours culturel peut s'intégrer de différentes façons au texte. J'en donnerai ici quelques exemples que j'ai divisés en cinq catégories distinctes. Commençons par le commencement, c'est-à-dire par les titres, qui peuvent jouer un rôle connotatif important, situant d'entrée de jeu le roman dans une filière culturelle. *Don Quichotte de la démanche* de Victor-Lévy Beaulieu renvoie au roman de Cervantès et par le fait même aux grands textes littéraires auxquels l'auteur s'est toujours identifié. *La Vie en prose* de Yolande Villemaire, tout en fixant le dédoublement du roman qui oscille toujours entre fiction et réalité, rappelle la chanson d'Édith Piaf. Patrick Straram renvoie, avec son *Tea for One - No More Tea*, à un classique du jazz et à son envers, pourrait-on dire, laissant pressentir l'aspect funeste du livre dans sa seconde partie.

Une autre méthode utilisée par les auteurs consiste à se servir d'une citation s'intégrant dans un cadre narratif traditionnel et venant parfois redoubler ou illustrer la parole du narrateur. Différentes formules peuvent être employées à cet effet: la simple citation, dans la langue originale, se greffant au texte (c'est le cas par exemple dans *Picture Theory* de Nicole Brossard); la reproduction d'une page de journal, qui sert a appuyer les propos du narrateur ou de la narratrice (*Maman* de Marcelle Brisson), ou encore de dialogues entendus à la télévision qui donnent plus de poids aux propos, ce qui se produit à maintes reprises dans *L'Hiver de force* de Réjean Ducharme.

En guise de troisième catégorie, j'inclurai les textes qui font se rencontrer, ou se heurter plutôt, différents types de discours dans la ville ou différents genres. *Un Verre de bière mon minou* de Louis Geoffroy est réglé à la manière d'une partition de jazz, et fait allusion à de nombreux *jazzmen*; Réjean Ducharme, dans *La Fille de Christophe Colomb*, entretient, sous le couvert d'un récit, un rapport intertextuel avec un genre, celui de l'épopée versifiée; Nicole Brossard, dans *French Kiss*, fond discours scientifique et poétique, faisant éclater la syntaxe, désorganisant l'ordre du récit qui se renvoie sans cesse à lui-même.

Une autre catégorie envisageable consiste à intégrer des systèmes signifiants non verbaux. Comment l'image peut-elle être représentée, verbalement, par le texte? Jean Basile, dans *La Jument des Mongols*, écrit une scène qui reprend, en l'insérant dans le récit, la scène finale de *La Dolce Vita* de Fellini. L'iconographie occupe par ailleurs une place centrale dans *La Mort vive* de Fernand Ouellette, qui porte sur la peinture et dans *Trou de mémoire* d'Hubert Aquin à travers l'image récurrente des *Ambassadeurs* d'Holbein.

La cinquième et dernière catégorie, enfin, consiste en l'utilisation d'un fragment textuel visant à éclairer le sens d'un passage, à l'enrichir d'un jeu de souvenirs associatifs, ou à relancer le texte. Dans son récit *Agonie*, Jacques Brault place en tête du livre un poème d'Ungaretti continuellement repris, chapitre après chapitre. Ce poème crée le récit, en forme la substance. C'est à partir de celui-ci et grâce à lui que le roman prend tout son sens.

Le jeu associatif est sans doute la figure la plus importante du discours culturel dans le roman récent. L'importance des couleurs dans *French Kiss* de Nicole Brossard renvoie à un discours poétique ou apparaissent Éluard, Rimbaud. La présence constante de la mer dans certains romans de Jean Basile permet à ce dernier d'utiliser les séquences tirées plus ou moins directement des romans d'Herman Melville, et particulièrement de *Moby Dick*. Ce jeu associatif peut fonctionner à partir des noms et des titres. Yolande Villemaire, dans *La Vie en prose*, rappelle avec ironie comment certains faits culturels orientent notre façon de penser une ville, un quartier. Elle écrit: «Je marche dans Saint-Germain-des-Prés en chantant "Il n'y a plus d'après à Saint-Germain-des-Prés" et je m'assois entre la maman et la putain au Café Flore, comme un cliché», renvoyant ainsi à la chanson d'Yves Montand et au film de Jean Eustache comme représentations de Paris.

Les références culturelles se multiplient et finissent par former ce que Roland Barthes nomme une fatrasie, un petit savoir encyclopédique qui forme la réalité courante par rapport à laquelle le sujet s'adapte et vit. Elles jouent un rôle double qui peut être discursif ou diégétique: il y a une dépense, une appropriation de la culture qui participe du plaisir de nommer, de savoir, mais qui parfois va plus loin, les noms apparaissant comme référent fondamental marquant les assises du narrateur et appuyant son discours. Dans un roman de Gilles Archambault intitulé *Le Voyageur distrait*, la figure de Jack Kerouac est essentielle puisque c'est à cause de Kerouac que le narrateur part pour les États-Unis, voyage qui est le sujet du roman. Dans son second roman, *Le Nez qui voque*, Réjean Ducharme donne au poète Émile Nelligan une place centrale.

Ceci dit, dans la plupart des romans, les références n'ont d'autre rôle, semble-t-il, que de saturer l'espace romanesque. À quoi sert cette débauche de noms? Pourquoi se manifeste-t-elle si massivement dans le roman montréalais contemporain? Quel est ce besoin qui réunit des écrivains souvent très différents, des plus conservateurs aux plus expérimentaux?

Commençons par des hypothèses négatives avant de terminer sur une note plus positive. Serait-il possible que ce phénomène soit lié à un statut de «nouveaux riches» de la culture, statut auquel se mêlerait beaucoup de complaisance? Ce serait une façon de dire que pendant longtemps la censure a été importante au Québec, qu'il était difficile de s'exprimer librement, mais que maintenant le roman s'est rattrapé. Montréal est une ville moderne, le lieu de l'information, du savoir, et maintenant nous savons, la preuve en étant que ce savoir est exhibé dans les livres. À la limite, cette érudition (ou cette impression d'érudition) pourrait servir par exemple à occulter la pauvreté du lexique, celui-ci étant enfoui sous une montagne de pseudo-connaissances.

Les choses peuvent être envisagées cependant dans une

tout autre perspective. Ce processus d'énumération peut aussi avoir un fondement ludique. Nommer, c'est aussi une façon d'inscrire ses propres connaissances dans la ville en se servant de celle-ci comme d'un miroir. Que va choisir le narrateur ou la narratrice dans la masse des informations qui lui sont offertes? Il y a un inévitable «décodage-recodage» qui se produit, pour reprendre une expression d'Henri Lefebvre. Le narrateur dans la ville puise à même les commentaires de tout ordre qu'il entend ou subit, et ce qui pourrait n'être finalement qu'un relevé de noms permet de suivre un parcours culturel à travers lequel se profile une des réalités de la ville, une de ses dimensions. Dans ces choix qui sont réalisés, il y a peut-être également une volonté de s'inscrire dans une tradition et de se situer face à l'histoire.

Nommer, c'est une façon d'échapper au néant, au vide, à la mort. Le roman urbain présente souvent, d'un côté, l'éphémère, la vie qui passe, les événements anodins qui se produisent sans laisser de traces, et de l'autre, une obsessive volonté de conservation. Pourquoi surtout dans la ville?

Peut-être parce que, encore une fois, c'est là que passe et repasse l'information, là où le sens se transforme souvent en non-sens et où l'individu-lecteur est le plus à même de se rendre compte du poids ou de l'absence de poids de l'histoire.

L'intérêt romanesque vient souvent du fait que cette volonté de conservation touche n'importe quel objet ou n'importe quel type d'objet. Quand Réjean Ducharme glisse de sainte Thérèse d'Avila à Jean-Paul Sartre, à un journaliste sportif, ou de Mao à un joueur de hockey, quand Yolande Villemaire juxtapose Ovide et un chanteur de charme, Julia Kristeva et la famille von Trapp, ces auteurs ne dévalorisent rien ni personne, ils posent une stratégie qui est à la fois création et recréation, une critique qui est aussi une forme d'exploration active.

Par sa vocation ludique, ce savoir représenté abolit le point final qui pourrait réduire le sens et fixer la forme de l'œuvre. Et c'est peut-être cette volonté complètement folle de vouloir tout retenir, tout nommer, qui réussit à empêcher le roman de verser dans le pathétique. C'est ainsi que l'ensemble reste joyeux, débridé. C'est sûrement, à mon avis, en bonne partie ce qui fait la qualité de nombreux textes urbains habités par une même frénésie langagière.

Une entrevue à Montréal:
Marie-Claire Blais et Aysel Özakin

HANS-HERBERT RÄKEL: Aysel Özakin, je suis heureux de vous accueillir à Montréal en compagnie de Marie-Claire Blais à l'occasion de notre colloque «Littérature et métropole – le cas de Berlin», vous qui venez présenter ici le témoignage d'une écrivaine ayant vécu pendant un certain temps à Berlin. Or, avant de vous établir en Allemagne, vous aviez traduit un roman de Marie-Claire Blais en turc. J'aurais aimé demander à Marie-Claire Blais de nous raconter dans quelles circonstances elle avait appris qu'une écrivaine turque la traduisait dans sa langue, mais j'apprends qu'elle ignorait tout de ce fait!

MARIE-CLAIRE BLAIS: Madame Özakin me l'a appris il y a une heure. C'est très surprenant... j'étais vraiment très émue!

HANS-HERBERT RÄKEL: Je demanderai donc à Aysel Özakin comment elle en est venue à traduire le livre d'une auteure québécoise en turc. Voudriez-vous nous raconter...

AYSEL ÖZAKIN: ...l'aventure? J'étais à Paris à l'époque. Or, un jour, je me trouvais dans une bibliothèque à la recherche d'un livre, quand je tombai sur un roman qui me semblait digne d'attention, roman qui s'était mérité le prix Médicis. Je l'ai lu et j'ai été fascinée, touchée, frappée d'y retrouver quelque chose de ma sensibilité, de mon milieu. C'est alors que je me suis décidée à traduire cette œuvre, travail que j'ai commencé à Paris et terminé dans mon pays. À l'époque, j'étais enceinte; j'ai donc traduit pendant ma grossesse et j'ai accouché tout de suite après avoir terminé mon travail de traduction.

HANS-HERBERT RÄKEL: C'était, bien sûr, *Une saison dans la vie d'Emmanuel.* Si vous parlez si bien le français, Aysel Özakin, ce n'est certainement pas un hasard!?

AYSEL ÖZAKIN: C'était mon métier! Je parle allemand depuis six ans seulement, mais auparavant j'étais déjà professeure de français et, à Paris, je travaillais à une étude sur l'amour et l'humour chez les surréalistes, mais de temps à autre je lisais des choses n'ayant pas trait à mon sujet.

MARIE-CLAIRE BLAIS: On sait tellement peu de choses dans ce pays de la littérature turque par exemple ou de votre littérature en Allemagne. C'est très important de sentir que, comme ça, à travers le temps, à travers l'espace, nous avons établi un contact sans même le savoir. Cela me donne de l'espoir pour la littérature vivante, la littérature actuelle, universelle, celle des Québécois qui ira à l'étranger tout comme celle des étrangers qui viendra au Québec, franchissant des portes plus ouvertes.

AYSEL ÖZAKIN: Lorsque vous parlez de littérature universelle, permettez-moi de vous prendre au pied de la lettre, puisque c'est justement mon ambition en tant qu'écrivaine que d'avoir une identité littéraire universelle.

HANS-HERBERT RÄKEL: C'est une question que doit se poser tout écrivain québécois quand il fait son entrée sur la scène de la littérature française internationale. Qu'en pensez-vous, Marie-Claire Blais?

MARIE-CLAIRE BLAIS: Pour ma part, j'aime bien ce que Aysel vient de dire. Elle est une écrivaine universelle, internationale. Elle a des origines, des attaches, des racines, mais elle se sent écrivaine internationale. Nous, les écrivains québécois, sommes, je le souhaite, aussi des écrivains universels. Je crois que c'est de plus en plus la tendance moderne, la tendance actuelle. Nous avons des écrivains comme Anne Hébert, Gabrielle Roy et tous les autres dont on peut dire qu'ils sont des écrivains universels.

AYSEL ÖZAKIN: Trois ans après avoir traduit votre livre, j'ai à mon tour écrit mon propre roman, dont le milieu et les personnages étaient tout à fait différents. Eh bien! je sentais malgré tout qu'il y avait quelque chose de très semblable entre les deux œuvres. Ce roman a été, soit dit en passant, traduit en allemand. Si le milieu d'un roman est local, les réflexions et les sentiments qui s'y retrouvent peuvent être, eux, tout à fait universels. C'est mon désir de dépasser les frontières.

MARIE-CLAIRE BLAIS: Oui, il est vraiment important, en 1987, de franchir les frontières et de nous rejoindre les uns les autres. J'y crois fermement.

HANS-HERBERT RÄKEL: Une écriture qui naît d'une réalité locale, restreinte, peut certainement être reçue partout, peut-être mieux ailleurs qu'à l'endroit où elle puise ses couleurs. Pour l'étranger, une telle lecture devient une aventure. C'est au fond le lecteur qui va conférer à l'œuvre ce caractère universel que vous recherchez. Vos livres, Marie-Claire Blais, ont été traduits dans plusieurs langues, ils ont été lus par un vaste public de gens qui évoluent dans des environnements très différents du vôtre, en Turquie par exemple, ou en Norvège. Pensez-vous à cela quand vous écrivez un texte?

MARIE-CLAIRE BLAIS: Je pense que Aysel et moi, nous sommes toutes les deux dans le même cas. Nous lançons la bouteille à la mer sans trop savoir ce qui nous attend, particulièrement dans le cas de livres que nous avons écrits un peu plus tôt dans nos vies. Un livre prend beaucoup de temps à naître. Ce à quoi vous faites allusion dans votre question fait partie de la naissance prolongée d'un ouvrage, de sa résurrection. On ne peut imaginer qu'un livre publié en 1966 en France ait tout à coup ce rebondissement secret dans une autre vie, dans une autre existence.

HANS-HERBERT RÄKEL: La bouteille est menée par les flots vers un horizon très large, mais la relation qui s'établit entre le message et le lecteur est très particulière et très étroite.

MARIE-CLAIRE BLAIS: Elle est très intime, c'est vrai. Et c'est vrai que très souvent on risque d'être moins bien compris dans son propre pays. On risque de refléter un peu trop ses contemporains. Les choses que l'on voit tous les jours ne nous semblent pas étonnantes. Avec un œil d'étranger, on a plus d'objectivité.

HANS-HERBERT RÄKEL: Vous vous êtes retrouvée à Berlin, Aysel Özakin, dans un pays étranger, entourée d'une langue étrangère. Qu'est-ce que cela signifie pour un écrivain de ne plus pouvoir utiliser le seul outil qu'il possède, qu'il a soigné et travaillé depuis longtemps? Je pense que tout lecteur allemand, habitué à la marée d'écrits littéraires qui chaque année déferle sur lui, ressentira, en lisant vos poèmes allemands, cette petite différence qui lui fera comprendre qu'il est devant une œuvre d'un autre horizon, d'une autre langue, d'un auteur qui a dû ou voulu troquer son outil de travail. C'est comme si l'on se sentait honoré de voir quelqu'un faire l'effort de venir vers soi.

AYSEL ÖZAKIN: C'est difficile à verbaliser. Je peux vous dire que, quand on se reto/uve privé d'une langue de communication, c'est comme si l'on se retrouvait tout à coup sans toit, sans parent, comme seul au monde, envahi de solitude, aux prises avec le sentiment qu'un danger nous guette. On sent soudain quelques vieux instincts ressurgir du fond de notre être. On se sent comme supporté par l'énergie de la survivance. J'ai compris, quand j'ai commencé à écrire dans cette autre langue, que la littérature, c'est beaucoup plus que la langue. Tout à coup, j'ai senti que je touchais à l'essentiel, et puis j'ai pu laisser venir la langue, doucement, pas à pas. La relation que j'ai ressentie avec cette langue m'a émue. Cette langue nouvelle, c'était pour moi un nouvel amour. Je me sentais enrichie de nouvelles émotions.

AYSEL ÖZAKIN

Fremde Sprache

Ich möchte finden
In einer neuen Sprache
Den Quittenbaum meiner Kindheit
Die Heuschrecke.
Zwischen meine Finger
Möchte ich nehmen
Die neue Sprache.
Im Holzfeuer kochender Bohnengeruch
Seinen Geschmack auf meinen Lippen spüren
In einer neuen Sprache
Meine kleinen Komplizen finden
Durch eine neue Sprache
Meine Hand auf ihre Schulter
Möchte ich legen
Auf eine neue Sprache
Und sie küssen

Langue étrangère

J'aimerais trouver
Dans une langue nouvelle
Le cognassier de mon enfance
La sauterelle.
Entre mes doigts
J'aimerais prendre
La langue nouvelle.
Dans le feu de bois odeur de fèves
Sentir son goût sur mes lèvres
Dans une langue nouvelle
Retrouver mes petits amis
Dans une langue nouvelle

J'aimerais poser
Ma main sur son épaule
Dans une langue nouvelle
Et l'embrasser

(traduit par Éliane Morillon)

Berlin — Vie culturelle

DIETGER PFORTE

Promotion de la culture et politique culturelle

Nombre d'artistes voient dans l'aide apportée à la culture une menace pour leur travail créateur. Ils craignent en effet — et l'écrivain berlinois Hans Christoph Buch peut servir ici d'exemple — que le fait de passer sous la dépendance matérielle de bailleurs de fonds puisse entraîner également une dépendance intellectuelle et artistique. D'ailleurs, que cette aide provienne du secteur privé ou de l'État ne change absolument rien au problème. À Berlin, comme il n'y a pratiquement plus de mécénat digne de ce nom (la grande industrie est par exemple absente), les subventions proviennent surtout du Sénat ainsi que d'un grand nombre de fondations parapubliques. Buch a «une bien piètre opinion des écrivains qui se font entretenir par l'État et dégénèrent en scribes sénatoriaux ou en fonctionnaires syndicaux». Se référant à Günter Walraff, qui affirme que «la littérature doit être dangereuse», Buch souligne la nécessité «pour l'écrivain de courir un risque existentiel, non seulement sur le papier, mais dans la vie de tous les jours» (*Literaturbericht*, 1983). Il s'empresse cependant de nuancer cette déclaration aux allures apodictiques et fait allusion aux périodes qui, «dans la vie d'un auteur, ressemblent à une traversée du désert et durant lesquelles celui-ci connaît un pressant besoin non seulement d'aide financière, mais aussi d'encouragements, ainsi que tout homme qui veut continuer à vivre».

Buch n'est pas le seul à avoir cette attitude ambivalente. Beaucoup d'auteurs pensent comme lui. Le sort des autres artistes ne semble pas être différent. Peintres, sculpteurs, musiciens, cinéastes, ainsi que gens de théâtre et personnalités du domaine des médias, sont hantés par la crainte que l'aide matérielle qu'ils reçoivent — surtout de l'État — ne leur fasse perdre leur indépendance et ne restreigne leur créativité. Mais cela n'empêche pas ces mêmes artistes de réclamer continuellement de l'État, de leur État, une aide matérielle et intellectuelle. Dieu merci! leur amour-propre a des limites et ils finissent par comprendre que c'est pour eux un droit que d'être aidés par l'État dans leur travail artistique. Ils ont donc d'autant plus de mal à comprendre qu'en Allemagne de l'Ouest, et par conséquent à Berlin-Ouest, la promotion de la culture ne soit pas un devoir mais un choix délibéré de la part des pouvoirs publics.

Toute politique culturelle qui se veut bien avisée prendra en considération tant les espoirs des artistes que leurs craintes. Dans une véritable société démocratique, une bonne politique culturelle devra sans cesse se demander et accepter qu'on lui demande pourquoi elle encourage les activités culturelles et si ses moyens sont adaptés aux buts qu'elle s'est fixés — en République fédérale s'ajoute à cela un trait qui fait partie de l'histoire peu glorieuse de l'Allemagne: les quelques fois où ses dirigeants ont cru bon de s'occuper d'art et de culture, ils se sont fait remarquer davantage comme censeurs que comme promoteurs. À l'époque wilhelminienne, il a fallu défendre la liberté artistique contre les attaques des autorités gouvernementales; sous la République de Weimar, les politiciens furent les premiers à intenter des procès contre les artistes qui devenaient gênants... sans parler de l'Allemagne fasciste.

Pourquoi le Sénat de Berlin encourage-t-il la vie culturelle de la ville? Pourquoi suit-il telle ou telle politique culturelle?

Tout d'abord, tous les Sénats qui se sont succédé à la tête du *Land* de Berlin se sont sentis et se sentent tout simplement obligés de promouvoir l'activité et la vie culturelles, car c'est là l'unique moyen qu'ils ont de s'assurer que la liberté artistique garantie par l'article 5 de la Constitution soit véritablement respectée. Le paragraphe 3 de cet article assure à chaque artiste le droit de se défendre contre toute atteinte et fait de l'État le garant de la liberté artistique tout en l'obligeant à promouvoir activement les arts. De plus, le paragraphe 1 de l'article 5 assure à chaque citoyen la liberté d'accès aux sources d'information, de sorte que la libre réception de l'art est garantie en même temps que la liberté artistique. Et la libre réception de l'art suppose à son tour la liberté de la diffusion.

D'autre part, le Sénat de Berlin appuie la vie culturelle de la ville parce qu'il a compris que l'art profite à l'ensemble de la collectivité: les Berlinois mentionnent très souvent la qualité, la diversité et l'animation de la vie culturelle de Berlin comme l'une des raisons qui les font s'identifier à leur ville (même lorsqu'ils affirment ne pas faire usage de ce que la ville leur offre sur le plan culturel). Ceci explique pourquoi Berlin-Ouest considère, depuis 1977 au moins, le dossier culturel comme l'une des priorités de sa politique municipale, et ce au même titre que l'économie.

L'aide apportée par l'État au domaine culturel vise tantôt à conserver, tantôt à reconquérir l'indépendance et la liberté des arts, tant dans le domaine de la production que dans ceux de la diffusion et de la réception. L'aide accordée aux artistes de toutes disciplines doit contribuer à leur permettre de travailler comme ils le veulent ainsi que de produire et de diffuser ce qu'ils veulent. Les conditions sociales et économiques des artistes doivent être améliorées si l'on veut que ceux-ci puissent décider eux-mêmes de l'orientation qu'ils comptent donner à leur travail. C'est dans cette mesure que l'aide apportée aux artistes par l'État est une aide à l'autonomie.

Ceci est valable pour l'ensemble de la République fédérale. Ce qu'il y a de particulier au cas de Berlin-Ouest tient à la position politique et géographique de la ville. Les conséquences de la politique menée par l'Allemagne nationale-socialiste — entre autres, la division de l'Allemagne et celle de Berlin — sont, aujourd'hui encore, plus perceptibles à Berlin que partout ailleurs en République fédérale. Les artistes vivant à Berlin sont davantage en mesure de suivre l'évolution des deux États allemands que leurs collègues de l'Allemagne de l'Ouest. Ils ont la possibilité de faire chaque jour l'expérience de ce qui distingue les deux systèmes politiques différents ainsi que de ce qui unit leur culture nationale. Il est plus facile pour les artistes berlinois que pour leurs collègues d'Allemagne de l'Ouest d'entretenir des contacts personnels avec des artistes de la R.D.A. Et les artistes de Berlin-Est et de la République démocratique allemande qui, surtout depuis les 10 dernières années, sont venus à Berlin-Ouest pour quelque temps, sinon pour toujours, font prendre conscience que, au-delà des différences sociales existant entre les deux États allemands, il y a des points de ralliement au sein de l'art contemporain. Voilà ce qui, sur le plan culturel, fait de Berlin-Ouest à la fois la frontière entre deux systèmes sociaux différents et leur centre.

Les artistes résidant dans cette ville-État qu'est Berlin vivent aussi plus intensément que partout ailleurs les aspects positifs et négatifs inhérents à la coexistence de minorités culturelles. Tout comme les quelques artistes polonais et chiliens qui habitent à Berlin-Ouest depuis des années, les nouveaux Berlinois venus de Grèce et de Yougoslavie, et tout particulièrement ceux venus de Turquie, laissent leur empreinte dans la vie culturelle berlinoise. Même s'il est encore trop tôt pour parler de la naissance à Berlin-Ouest d'une culture mixte comparable à celle issue de la fusion des héritages prussien et huguenot qui a joué autrefois un rôle important dans le développement de Berlin, on ne peut pas ignorer les essais d'intégration créative de différentes cultures nationales à la culture allemande.

À cause de sa situation politique et géographique, Berlin-ouest est un lieu où se font jour plus clairement que partout ailleurs les tendances les plus marquantes de l'art contemporain, et ce tant sur le plan international que sur le plan national. C'est ce qui distingue la situation culturelle des artistes berlinois de celle de leurs collègues de l'Allemagne de l'Ouest.

Pour comprendre la politique culturelle de Berlin-Ouest, il faut la situer d'une part dans le contexte historique des années vingt, alors que Berlin avait un rayonnement culturel dans le monde entier, et d'autre part dans le contexte de sa situation géopolitique particulière, situation qui remonte à l'après-guerre.

La vie culturelle berlinoise a toujours été très étroitement liée au destin social, politique et économique de la ville. Après la fondation du Reich en 1871, Berlin, jusque-là capitale de la Prusse, devint également la capitale du Reich allemand. Ceci ne signifie nullement que la ville pût accéder par le fait même à un haut niveau culturel. Le manque de bon sens des classes dirigeantes restreignit la diversité culturelle, ce qui mena à des mouvements de protestation — qu'on pense seulement aux sécessionnistes rassemblés autour de Max Liebermann en peinture ou, chez les gens de théâtre, à la Freie Volksbühne et à l'ensemble du mouvement de théâtre populaire. Ce sont précisément ces mouvements de protestation contre la culture favorisée par la cour qui ont ouvert d'importantes voies à l'art, tandis que les artistes qui, à l'époque, jouissaient de l'appui des autorités sont aujourd'hui pour la plupart tombés dans l'oubli.

Après être devenue un important centre culturel grâce à des mouvements artistiques comme le naturalisme et surtout l'expressionnisme au début du siècle, la ville de Berlin put, dans les années vingt, se comparer enfin aux métropoles comme Londres, Paris et New York. Berlin était le centre politique, économique, scientifique et culturel, le cœur dont les battements animaient l'ensemble du Reich. Les artistes de toutes disciplines et aux styles les plus divers y avaient la possibilité de s'épanouir, de trouver leur public et de prendre position dans des débats passionnés. La politique culturelle des nazis mit fin à tout cela. Lorsque ceux-ci prirent le pouvoir, un grand nombre d'artistes de renom durent s'enfuir non seulement de Berlin, mais d'Allemagne afin d'échapper à la mort. C'est alors que commença la provincialisation de la métropole.

Le Berlin de l'après-guerre a été forcé de se rendre compte — et cette prise de conscience n'est pas encore terminée — qu'il n'est pas possible de renouer avec le prétendu âge d'or des années vingt. Les données politiques et historiques sont en effet bien différentes. L'histoire de la culture ne connaît pas, elle non plus, de répétitions exactes; une répétition ne serait — pour citer Hegel — ni plus ni moins qu'une «misérable farce».

Dans les années cinquante, il importait, à Berlin comme dans beaucoup d'autres villes allemandes, de reconstruire et non d'ériger des constructions nouvelles. À cela s'ajoutait la situation d'isolement particulière à la ville durant cette époque marquée par la guerre froide et par la confrontation avec le bloc de l'Est.

Une phrase du sénateur Tiburtius, alors responsable de l'Éducation populaire, tint lieu de programme à la politique culturelle de l'époque:

> «Berlin — enclave dans un territoire où sont niées les libertés politiques et intellectuelles — devra, dans sa lutte pour la survie comme dans les efforts déployés pour donner aux habitants opprimés de la zone d'occupation soviétique un exemple de liberté et d'humanité, porter une attention particulière à toutes les sphères d'influence de sa vie culturelle.»

On mit donc l'accent surtout sur les secteurs artistiques représentatifs. Les efforts déployés afin d'encourager la culture recherchèrent eux aussi ce qu'il est permis d'appeler «l'effet de vitrine». Tel fut le cas aussi d'institutions culturelles fondées dans les années cinquante et soixante, qu'il s'agisse du Festival international du film (1950), des Berliner Festwochen (le Festival de Berlin, 1951), de l'Académie des Beaux-Arts (1954), de la Bibliothèque commémorative de l'Amérique (1956), de la Fondation Preussischer Kulturbesitz» (1957) — surtout ses musées —, du Colloque littéraire de Berlin (1962-1963) ou du programme international *Artists in residence* (milieu des années soixante).

La politique de détente du début des années soixante-dix a amené Berlin à se redéfinir et à repenser sa politique culturelle. La ville a considéré dès lors que son rôle consistait à devenir un centre pour l'ensemble de la R.F.A. et à organiser en ses murs congrès, expositions et manifestations culturelles. Promouvoir les arts et la vie culturelle est depuis lors l'une des tâches centrales de la politique municipale de Berlin. Les gouvernements successifs ainsi que les différents partis d'opposition se sont entendus et s'entendent toujours sur le fait que leurs membres, plutôt que de devoir s'en tenir à une quelconque ligne de parti, suivent librement leurs opinions personnelles.

Les buts poursuivis par la politique culturelle de Berlin sont les suivants:

— Maintenir et améliorer la position qu'occupent les grandes institutions culturelles berlinoises sur la scène internationale;

— Encourager toute forme d'intérêt pour la culture et favoriser la participation du plus grand nombre de citoyens possible (y compris les citoyens d'origine étrangère) à tout ce qui est offert sur le plan culturel et — ceci s'y rattache directement — encourager tout particulièrement les activités culturelles réalisées par des groupes d'artistes qui ne se sont pas imposé de structures précises et qui cherchent leur sphère d'influence en dehors des institutions culturelles officielles;

— Parachever l'infrastructure sur laquelle reposent les arts (ce qui comporte une décentralisation de la politique de la ville), l'adapter aux tendances artistiques actuelles et améliorer sans cesse la position sociale des artistes dans la ville;

— Raffermir et stimuler les échanges culturels à l'échelle nationale comme à l'échelle internationale.

La politique culturelle de Berlin a institué un partage original des responsabilités. Comme Hambourg et Brême, Berlin est à la fois une ville et un *Land*; il doit par conséquent remplir des tâches qui relèvent de ces deux niveaux de gouvernement. Au niveau du *Land*, la politique culturelle relève non seulement du sénateur responsable des Affaires culturelles, dont je dépends, mais aussi des sénateurs responsables l'un de l'Instruction publique, l'autre de la Science et de la Recherche. À l'échelon municipal, la politique culturelle dépend principalement des 12 arrondissements de Berlin-Ouest et des conseillers municipaux chargés de l'Éducation populaire ainsi que des offices des arts, bibliothèques municipales, archives et musées régionaux qui leur sont subordonnés.

La politique culturelle de Berlin a une autre particularité: certaines institutions œuvrant dans la ville sont financées et par le *Land* et par l'État fédéral ou les *Länder*. Parmi celles-ci, il faut mentionner tout d'abord la Fondation Preussischer Kulturbesitz. Créée en 1957 par une loi fédérale, elle a son siège à Berlin et est subventionnée conjointement par Berlin et par l'ensemble des *Länder*. En plus de la sauvegarde et de l'administration du patrimoine culturel de l'ancienne Prusse, sa mission consiste à agrandir ses collections et à faire profiter le grand public des trésors artistiques qu'elles contiennent en les exposant dans ses musées mondialement connus ainsi qu'à la Bibliothèque nationale et aux Archives secrètes nationales. La fondation culturelle des *Länder* fera son apparition dans les mois qui viennent; elle aura son siège à Berlin et verra à remplir des tâches concernant l'ensemble de la République fédérale mais relevant de la compétence des *Länder*.

Subventionnés conjointement par la République fédérale et par le *Land* de Berlin, les festivals de Berlin contribuent grandement au rayonnement culturel de Berlin-Ouest. Le Festival annuel, le Festival international du film, les Rencontres théâtrales ainsi que le Festival des horizons, consacré aux cultures de ce qu'on a appelé le Tiers-Monde, sont connus à travers le monde entier. Mis sur pied par le DAAD (Deutscher Akademischer Austauschdienst, Office allemand d'échanges universitaires), le Programme berlinois pour artistes invite peintres et sculpteurs, écrivains, musiciens, cinéastes et gens de théâtre du monde entier à venir travailler un certain temps à Berlin, contribuant ainsi grandement à rapprocher les peuples tout en animant le paysage culturel de Berlin-Ouest.

La ville se distingue finalement par une scène culturelle alternative presque sans équivalent. Les mouvements de contestation étudiante de la fin des années soixante et du début des années soixante-dix refusaient traditions et culture bourgeoise, ce qui donna naissance à de nouvelles formes de vie sociale et à de nouvelles formes de culture et entraîna la fondation d'associations et d'institutions culturelles dont la structure repose sur des principes démocratiques. À cet égard, il faut mentionner la Neue Gesellschaft für bildende Kunst (Société nouvelle d'arts plastiques) et la Neue Gesellschaft für Literatur (Société nouvelle de littérature), la Druckwerkstatt des Berufsverbandes bildender Künstler (Imprimerie de l'Association des artistes des arts plastiques) ainsi que la Schaubühne am Lehniner Platz (située autrefois à la Hallesches Ufer) et le Grips-Theater pour enfants et adolescents.

Berlin compte plus d'initiatives issues de mouvements de contre-culture que toutes les autres villes allemandes réunies. Le Sénat de Berlin a tenu compte de cette réalité pour la première fois en 1979, alors qu'il a accordé des subventions à de jeunes troupes de théâtre non institutionnalisées ainsi qu'à de nombreux groupes de musique de *jazz* et de musique *rock*. Ce geste allait avoir son effet; les rapports déposés par la suite à la Chambre des députés de Berlin ont montré jusqu'à quel point ces encouragements à l'autogestion peuvent contribuer au développement de la diversité culturelle.

Le Sénat de Berlin a ainsi clairement démontré que la politique culturelle du *Land* n'est plus axée seulement sur la culture traditionnelle et institutionnalisée mais qu'elle s'occupe également de culture alternative. Ainsi, non contente de veiller à la sauvegarde et à la promotion d'une culture dont les normes et les valeurs correspondent à celles de la majorité des citoyens qui a élu le gouvernement, la politique culturelle d'une société démocratique se doit de tolérer et même de faciliter la remise en question des normes et valeurs dominantes.

Ainsi, on peut observer à Berlin-Ouest un processus de constante transformation de la culture. Politiquement garanti, ce processus s'accomplit grâce à l'intégration des subcultures et des cultures alternatives. Les représentants de la culture dominante et de la politique culturelle sont prêts, du moins en partie, à remettre en question la culture dominante et à la laisser remettre en cause par les subcultures. Le seul fait que les représentants de la politique culturelle de Berlin soient prêts à promouvoir les subcultures en vue de les intégrer représente déjà une modification des normes de la culture dominante au profit de celles des subcultures. D'autre part, le fait que les subcultures soient quant à elles prêtes à accepter l'aide du Sénat de Berlin rapproche leurs normes de celles de la culture dominante. Ainsi, la culture mixte qui résulte d'un tel processus d'intégration est originale dans la mesure où elle préserve et même amalgame particularismes de la culture jusque-là dominante et particularismes des subcultures. De nombreux responsables de la politique culturelle de Berlin espèrent que la nouvelle culture dominante résultant d'un tel processus donne naissance à son tour à de nouvelles subcultures qui, à long terme, pourront elles aussi se fondre avec la nouvelle culture dominante. La Schaubühne am Lehniner Platz (anciennement Schaubühne am Halleschen Tor) et l'évolution qu'a connue le Grips-Theater montrent à quel point cet espoir est justifié.

Les arts plastiques

Environ 2 000 peintres et sculpteurs vivent à Berlin; proportionnellement à sa population, Berlin compte donc plus d'artistes œuvrant dans le domaine des arts plastiques que toute autre ville allemande. Cela explique pourquoi l'aide apportée aux arts plastiques a toujours été une des priorités de sa politique culturelle. Depuis plus de 10 ans déjà, le Sénat s'est donné pour mission de créer des institutions pouvant assurer la formation des artistes et la présentation de leurs œuvres en plus de leur fournir l'aide matérielle nécessaire à la recherche. C'est à cette initiative que l'on doit la fondation de la Staatliche Kunsthalle (salle d'exposition de la ville de Berlin) qui sert également de forum aux artistes berlinois.

Le budget prévu par le sénateur responsable des Affaires culturelles pour l'acquisition de nouvelles œuvres augmente continuellement. Des bourses de travail ont été mises à la disposition des artistes et les galeries ont obtenu de l'aide afin de présenter des œuvres d'artistes berlinois à l'extérieur de la ville. À la Maison des arts Bethanien à Kreuzberg, des ateliers sont à la disposition des artistes et l'atelier d'imprimerie offre le matériel nécessaire à leur travail ainsi qu'à l'expérimentation.

L'artothèque mise sur pied par l'une des deux associations d'artistes de Berlin, ainsi que la graphothèque rattachée à l'Office de l'arrondissement Reinickendorf, ont réussi à rendre l'art plus accessible et à toucher de nouvelles couches de la population. Ces deux institutions offrent aux citoyens la possibilité de se familiariser avec les arts plastiques en leur prêtant gratuitement des objets d'art; c'est là une initiative qui connaît beaucoup de succès.

Chaque année, la Freie Berliner Kunstausstellung ouvre ses portes à tous les artistes et offre à un vaste public une bonne vue d'ensemble de ce que les artistes ont créé pendant l'année. Le débat public qui a eu lieu récemment au sujet du boulevard de la sculpture sur le Kurfürstendamm a permis de mesurer les problèmes auxquels sont confrontés ceux qui œuvrent à la diffusion de la culture, en particulier dans le domaine des arts plastiques.

Les musées

En raison de l'importante mission qu'ils remplissent en documentant l'histoire de la culture de l'humanité, les musées occupent une place centrale dans la politique culturelle de Berlin-Ouest. Les 15 musées de la Fondation Preussischer Kulturbesitz (notamment les galeries de peinture et les collections ethnographiques de Dahlem ainsi que la nouvelle Galerie nationale, inaugurée en 1968 sur la Kemperplatz et qui renferme de riches trésors artistiques des XIXe et XXe siècles) sont si impressionnants que Berlin a été qualifié de «capitale des musées» d'Europe.

Les musées qui dépendent du *Land* de Berlin — entre autres les châteaux nationaux, le Musée de Berlin, le Musée Brücke, la Galerie berlinoise et le Musée des transports et de

la technologie — ont pour fonction d'illustrer les contributions de Berlin à l'histoire de la culture. C'est ainsi que le
Musée Brücke montre que les réalisations du groupe Die
Brücke constituent un apport spécifiquement berlinois au
développement de l'art moderne. Le Musée de Berlin fait
connaître les principales époques de l'histoire de la ville et
constitue ainsi un excellent complément aux Archives de
Berlin. Fondée sur une initiative privée, la Galerie berlinoise
possède une collection consacrée à l'histoire des arts à Berlin;
elle couvre un domaine que n'abordent ni les collections
internationales ni le musée historique de la ville. Le concept
(si cher à la politique culturelle de Berlin-Ouest) d'une culture élargie à sa dimension sociale trouve probablement sa
meilleure expression au Musée des transports et de la technologie, où l'industrialisation de Berlin est traitée en fonction
de l'histoire culturelle. Il se traduit également dans les activités du Service pédagogique des musées (Museumspädago-
gischer Dienst). Créé en 1979 et devenu depuis un service
pédagogique culturel, le service a pour mission d'inciter le
grand public à fréquenter musées et archives et de lui offrir
les moyens de comprendre chaque œuvre d'art dans son
contexte historique et social.

Il existe, en plus des musées nationaux, un grand nombre de musées privés qui sont eux aussi subventionnés par
l'État. Installées depuis 1979 dans un nouvel édifice, les Archives du Bauhaus illustrent de façon exemplaire l'apport du
groupe Bauhaus à l'histoire de l'art et des formes de notre
siècle et trouvent leur complément dans les collections des
archives du Werkbund. Par ailleurs, le Deutsches Histo-
risches Museum (Musée de l'histoire allemande) — dont le
directeur-fondateur vient d'être nommé — jouera un rôle
capital dans la vie culturelle de Berlin-Ouest. Il ne faut pas
oublier non plus l'édifice Gropius qui, depuis quelques années, est un endroit particulièrement bien adapté aux grandes expositions.

La musique

La variété n'est pas la seule caractéristique de la vie musicale de Berlin-Ouest. La multiplicité des structures sociomusicales montre à quel point la politique culturelle y est soucieuse d'encourager toute initiative intéressante et cherche à favoriser leur épanouissement. L'idée maîtresse qui est à la base de toute la politique culturelle berlinoise prévaut ici aussi: dans l'éventail des possibilités — qui vont de la musique classique à la musique *rock* en passant par le *jazz* —, on veut éviter les exclusions et les polarisations.

L'Orchestre philharmonique de Berlin est connu à travers le monde entier... tout comme son directeur artistique Herbert von Karajan. Outre cet orchestre et la non moins célèbre Deutsche Oper, Berlin compte deux orchestres symphoniques et deux orchestres de chambre qui donnent des concerts régulièrement. Le Theater des Westens est le seul théâtre allemand consacré exclusivement à l'opérette et à la comédie musicale. Chaque automne a lieu le Festival de jazz, et le travail de la *Free Music Production* de Berlin a grandement contribué au développement du *free jazz* européen. Depuis plusieurs années, la musique *rock* qui se fait à Berlin donne le ton à toute la République fédérale. Soulignons pour finir l'aide apportée aux chœurs amateurs. Les responsables de la politique culturelle mettent à leur disposition des locaux qui vont de la grande salle de concert au petit bistrot, sans oublier les scènes en plein air. Le Sénat les aide en leur fournissant des locaux pour les répétitions, ainsi que des salles pour les représentations, et il les appuie en améliorant leurs équipements techniques.

Le théâtre

Berlin a beaucoup à offrir aux amateurs de théâtre. En plus de ses trois théâtres nationaux — le Théâtre Schiller, son

Atelier (Werkstattbühne) réservé à l'avant-garde et au théâtre expérimental, ainsi que le petit théâtre dit Schlossparktheater —, la ville compte environ 70 troupes et groupes
théâtraux. Placée sous la direction de Stein, la Schaubühne
am Lehniner Platz s'est fait connaître par ses travaux qui ont
renouvelé l'art de la mise en scène, du jeu, de la décoration,
du costume, de l'écriture théâtrale et du travail d'ensemble.
Grips, théâtre pour enfants et adolescents, recueille partout
des éloges pour avoir sorti de sa léthargie cet important
secteur de la vie théâtrale. En élaborant de nouveaux types
de pièces et de jeux scéniques, en innovant par l'exercice
d'une critique et d'une contre-critique (parfois même politique), il est devenu, dès le milieu des années soixante, un des
meilleurs théâtres allemands de jeunes.

Dirigée présentement par Neuenfels et appuyée par
l'Association Freie Volksbühne, elle-même issue d'un mouvement de travailleurs, la Freie Volksbühne suscite actuellement, plus que toute autre troupe berlinoise, l'espoir de
voir naître un théâtre novateur. Toutefois, et ceci n'est un
secret pour personne, les compagnies privées comme la
Schaubühne et la Freie Volksbühne ne pourraient survivre si
le Sénat ne leur octroyait d'importantes subventions.

De nombreux théâtres de boulevard et une multitude de
théâtres et de troupes de moindre importance contribuent à
l'enrichissement de la vie théâtrale berlinoise. Ainsi, la Theatermanufaktur a transformé considérablement les formes
théâtrales qu'elle a reçues de Brecht et du théâtre populaire.
Plusieurs troupes pour enfants rendent visite aux jeunes là
où ils sont le plus susceptibles d'être rejoints, c'est-à-dire
dans les maisons de loisirs et dans les écoles, et préparent
ainsi le public de demain.

Le Sénat met à la disposition des troupes indépendantes
des salles pour les répétitions et pour les représentations; il
accorde également des subventions pour les mises en scène.
Le cas de l'ancienne salle de la Schaubühne am Halleschen
Ufer montre que cette aide ne résout pas tous les problèmes.
Depuis 1983, le Sénat assume les frais de cette salle et les
salaires du personnel; ainsi des locaux de tout premier ordre
sont offerts aux troupes indépendantes. Ce théâtre est utilisé

et administré principalement par la Theatermanufaktur. Vingt-deux semaines par année, on a prévu que la salle serait à la disposition d'autres troupes. Cependant, la Theatermanufaktur met tellement d'obstacles au partage des locaux avec les autres troupes que l'on ne saurait parler d'esprit de groupe et encore moins de solidarité.

À Berlin-Ouest, les amateurs de théâtre ne peuvent pas se plaindre du manque de variété. Chaque année, en mai, d'éminents critiques organisent une rencontre des productions les plus marquantes de l'ensemble des pays germanophones. D'autre part, l'Académie des Beaux-Arts présente régulièrement des pièces expérimentales sur sa scène.

Depuis quelques années, les pièces présentées par les Turcs de Berlin contribuent également à l'enrichissement de la vie culturelle. Leur art attire à la Maison des arts Bethanien et à la Schaubühne les amateurs de théâtre aussi bien allemands que turcs. Cet exemple montre que Berlin encourage le développement de la vie culturelle de ses minorités ethniques; un service qui relève du sénateur responsable des Affaires culturelles a d'ailleurs été créé à cet effet.

La littérature

Dans les années soixante, Berlin-Ouest a été le berceau d'une littérature nouvelle caractérisée par son réalisme et par sa critique de la société. Des auteurs comme Günter Grass, Uwe Johnson et Hans Magnus Enzensberger, les travaux du Colloque littéraire fondé par Walter Höllerer, ceux de la section littéraire de l'Académie des Beaux-Arts ainsi que le programme pour artistes mis sur pied par le DAAD (Deutscher Akademischer Austauschdienst - Office allemand d'échanges universitaires) ont contribué à inciter des auteurs venant tant de l'étranger que de la R.F.A. à s'installer à Berlin pour plusieurs mois, plusieurs années et, dans certains cas, pour toujours. Berlin-Ouest compte actuellement plus d'auteurs que toute autre ville germanophone; on peut avancer le chiffre de 500.

Le fait qu'au moins cinq ou six manifestations littéraires relativement importantes aient lieu toutes les semaines et qu'il arrive certains soirs que plusieurs auteurs attirent en des endroits différents un public nombreux par la lecture de leurs œuvres montre bien la richesse de la vie littéraire à Berlin-Ouest.

Le Sénat de Berlin encourage tous les secteurs de la vie littéraire et, depuis trois ans, il a plus que doublé les sommes accordées à la littérature. Il distribue des bourses de travail et des bourses de voyage aux écrivains berlinois et leur alloue également des sommes leur permettant de séjourner entre autres à la villa Massimo ou à la Maison Alfred-Döblin, fondée par Günter Grass à Wewelsfleth, dans le Schleswig-Holstein. Les jeunes auteurs d'expression allemande qui vivent ailleurs qu'à Berlin peuvent recevoir des bourses leur permettant de faire un stage au Colloque littéraire berlinois. En outre, le Sénat met à la disposition des organisateurs d'événements littéraires des sommes servant à défrayer les honoraires des auteurs invités. Il assume également les frais de voyage encourus par les auteurs qui viennent de l'extérieur et subventionne de grandes organisations littéraires internationales, par exemple la Europäisches Schriftstellertreffen (Rencontre européenne des écrivains, 1988) et les biennales qui ont lieu depuis 1978 à l'instigation d'Ingeborg Drewitz et sont consacrées à la littérature de minorités linguistiques.

Les librairies et les galeries qui participent à la vie littéraire reçoivent aussi des subventions du sénateur responsable des affaires culturelles. Les activités de l'Académie des Beaux-Arts, du Colloque littéraire et de la Maison de la littérature de Berlin sont ainsi financées à 100 % par le Sénat. Les sociétés littéraires, les associations d'auteurs et les initiatives littéraires indépendantes reçoivent également l'appui du Sénat. Les 135 bibliothèques municipales, y compris la Bibliothèque commémorative de l'Amérique, sont à la charge du secteur public.

Ces institutions et associations ne font pas qu'organiser des soirées où les auteurs vont lire leurs œuvres. Elles mettent sur pied des rencontres professionnelles à l'intention des lecteurs des maisons d'édition, des traducteurs, des auteurs de pièces radiophoniques, ainsi que des débats réunissant éditeurs et auteurs, écrivains et critiques, écrivains de plusieurs pays, etc. La politique littéraire de Berlin vise à encourager tant les auteurs que le vaste public que forment les lecteurs. C'est la raison pour laquelle les institutions qui s'occupent de la diffusion de la littérature sont l'objet d'une attention toute particulière. En ouvrant la Maison de la littérature mentionnée précédemment, le Sénat donnait suite à une demande des associations d'écrivains, des sociétés littéraires et de la Fédération des éditeurs et des libraires de Berlin, qui réclamaient la création à Berlin-Ouest d'un lieu ouvert à tous les gens intéressés par la littérature. Le principal utilisateur de la Maison de la littérature (qui comprend également une librairie et un café) est une association mère dont font partie plus d'une douzaine d'institutions et de sociétés littéraires. Cette association voit à ce que tout groupe, société ou institution littéraire qui désire présenter ses travaux à Berlin-Ouest obtienne gratuitement un local, à ce que les membres de l'association puissent organiser des lectures publiques à la Maison de la littérature et à ce que son directeur (nommé par l'association) prenne de son côté des initiatives dans le même sens.

Le cinéma et les médias

Le cinéma occupe une place importante dans la vie culturelle berlinoise. Berlin-Ouest compte près de 90 cinémas qui présentent des films tous les jours; il y a aussi un grand nombre d'institutions qui sont rattachées à la création cinématographique. Mentionnons les Amis de la Cinémathèque allemande et la Fondation Cinémathèque allemande, qui reçoivent des subventions du Sénat, et le Groupe de travail cinématographique de Berlin (Berliner Arbeitskreis Film). Cependant, producteurs de films et consommateurs, industrie cinématographique et diffuseurs n'ont pas de local pour se rencontrer et travailler. À cet effet, le Sénat compte transformer l'ancien hôtel *Esplanade*, situé en bordure du Tiergarten, en une Maison du cinéma qui accueillera les institutions déjà existantes et fournira de nouvelles occasions de rencontre. La section cinématographique du Colloque littéraire berlinois a donné de nouvelles impulsions au film d'auteur. D'autre part, le Sénat espère que la section fondée il y a deux ans par l'Académie des Beaux-Arts et consacrée à l'art cinématographique et aux médias soutiendra les efforts qu'il a faits depuis 1977 afin de promouvoir l'industrie cinématographique berlinoise. Les subventions accordées aux films pour enfants et le concours organisé depuis 1986 par le Colloque littéraire berlinois à l'intention des auteurs de scénarios donnent une idée de l'aide importante que reçoit le secteur cinématographique.

Dans le domaine des médias, le Sénat de Berlin s'intéresse présentement à un projet pilote de câblodistribution; il essaie de mettre sur pied un canal culturel qui serait réalisé conjointement avec la 1re Chaîne d'Allemagne de l'Ouest (ARD). Le canal culturel remplacerait avantageusement les quelques émissions culturelles disséminées dans la programmation des chaînes publiques et les diffuseurs privés ne se verraient plus obligés par la loi de présenter un certain nombre d'émissions culturelles. À vrai dire, un tel canal serait réalisable seulement si son financement ne dépendait pas du nombre de spectateurs intéressés, donc des cotes d'écoute. Un tel canal réduirait le sentiment de frustration provoqué par le fait que les émissions à contenu culturel sont généralement diffusées à des heures qui ne conviennent pas au public intéressé. Celui-ci aurait en outre une meilleure vue d'ensemble des émissions offertes, ce qui lui permettrait de faire un meilleur choix et lui donnerait un meilleur accès aux émissions culturelles.

Je n'ai pas parlé des efforts énormes faits par les responsables de la politique culturelle de Berlin à l'occasion du 750e anniversaire de la ville; ceux-ci en profiteront pour organiser une rencontre internationale des artistes et des mouvements artistiques les plus importants. Durant l'année qui vient, alors que Berlin jouira du titre de «capitale culturelle de l'Europe», ils présenteront la ville comme un centre d'où rayonnent de nombreuses innovations culturelles.

À la fin de cette année, nous aurons à évaluer si le très grand nombre de manifestations culturelles qui auront eu lieu lors du 750ᵉ anniversaire auront contribué véritablement à promouvoir les arts et les artistes ainsi qu'à gagner de nouvelles couches de la population à la cause de la culture. Certains critiques parlent d'une «culture superficielle et axée sur le divertissement» et craignent que l'importation d'événements culturels détruise les bases mêmes du travail culturel réalisé à Berlin ainsi que l'infrastructure sur laquelle repose la promotion culturelle. M. Hassemer, le sénateur responsable des affaires culturelles de Berlin, croit, quant à lui, que les projets culturels réalisés en 1987-1988 élargiront le champ d'action de la politique culturelle de façon permanente et qu'à long terme, ils contribueront au raffermissement et à l'amélioration de la politique culturelle de Berlin.

La seule chose dont il soit possible de se rendre compte à l'heure actuelle, c'est que les manifestations organisées à l'occasion du 750e anniversaire de Berlin exercent une attraction magnétique tant sur les Berlinois que sur les touristes friands de culture. Les deux grandes expositions qui ont eu lieu dans l'édifice Gropius ont attiré un nombre record de visiteurs, tout autant que le feu d'artifice japonais que l'on a pu voir il y a quelques semaines!

Martin Kessel, un auteur berlinois, a fait remarquer à ce sujet, non sans une pointe de malice — et sa réflexion vaut pour Berlin en général — que:

> «Le magnétisme exercé par Berlin consiste moins en de quelconques atouts qu'en la présence d'innombrables tendances aussi problématiques les unes que les autres qui donnent il est vrai au Berlinois l'avantage insigne d'exercer son esprit analytique et caustique.»

Faut-il organiser la culture?

Table ronde avec Randall Bourscheidt,
Alan Lord, Ferdinand Nowak, Gilles Pellerin,
Jürgen Pesot, Dietger Pforte, Herbert Wiesner

GILLES PELLERIN: Je voudrais d'abord, en tant que représentant d'une revue littéraire, *Nuit blanche*, distinguer deux niveaux de discussion par rapport à la problématique exposée cet après-midi. Liée à l'ensemble des produits culturels québécois, notre situation est très particulière. Ayant choisi d'assumer notre particularisme, nous avons également le devoir d'assumer ce double choix: la langue française en Amérique du Nord et notre «américanité» par rapport aux pays franco-européens. En tant que Québécois, on en vient à se considérer sinon comme une erreur de la nature du moins comme une erreur de la culture. Ce choix politique et culturel en Amérique du Nord anglophone repose la plupart du temps sur ce qu'on peut appeler la mise en commun des ressources culturelles et financières. Or, celle-ci est déléguée à l'État et, comme si ce n'était pas suffisamment compliqué, elle est déléguée aux États, l'État fédéral et l'État provincial qui, lui, assume son rôle autant par des lois à caractère parfois protectionniste que par des subventions. Il en résulte — et j'arrive au cas particulier de *Nuit blanche* — que nous vivons une ambiguïté fondamentale. Tous ceux qui dépendent des subventions, comme *Nuit blanche* et les autres périodiques littéraires québécois, pour survivre dans un marché très exigu sont amenés à se poser les questions suivantes: Où commencent et où finissent nos droits et devoirs? Où se situe notre zone de libre arbitre? Nous nous posons aussi les questions subsidiaires qui en découlent: La culture est-elle une affaire d'initiative ponctuelle ou de dynamisme localisé dont nous serions un des pôles, ou convient-il de céder la culture à des organismes suprastructurels? Faut-il organiser la culture urbaine? Aussi, nous vous invitons à considérer deux aspects de la culture, le premier — sa production —, le second — sa diffusion. Cette distinction étant faite, d'où doivent émaner les forces organisatrices de la culture et où doivent-elles s'appliquer?

DIETGER PFORTE: En ce qui concerne les formes organisationnelles de la culture, je pense que les institutions subventionnaires ne doivent en aucun cas passer leur propre message, c'est-à-dire l'indépendance des activités artistiques et culturelles doit être garantie. Et même s'il est parfois tenté de faire passer ses propres idées à l'occasion d'une manifestation artistique, le subventionnaire devra s'en abstenir dans l'intérêt de l'autonomie des activités culturelles.

RANDALL BOURSCHEIDT: La question cruciale ici est celle des subventions, autrement dit d'un art subventionné ou non. En relisant mes notes, je constate d'ailleurs que j'ai traduit cette distinction en termes américains, c'est-à-dire en art à caractère commercial ou non. Aux États-Unis, quand nous parlons de culture, nous en venons automatiquement à faire cette distinction. Certaines formes d'art sont essentiellement commercialisées, par les aspects production, présentation, distribution, pensons au film par exemple. D'autres sont partagées, tel le théâtre. À New York (Broadway) nous avons cependant un théâtre en grande partie commercialisé mais il se trouve de plus en plus concurrencé par des productions à caractère non commercial. À l'extérieur de New York, le théâtre a besoin d'être subventionné. Lorsque je dis subventions, je pense au système américain qui combine les subventions du gouvernement avec les dons de corporations, de fondations et de personnes privées.

Dans la ville de New York, qui peut à mon sens prétendre avoir une vie culturelle, quelle est la part de l'aide gouvernementale? Elle est bien mince. Ceci vient du fait que la politique a très peu de place dans la vie des arts. Il n'empêche que des considérations politiques et sociales peuvent influencer les gestes de bienfaiteurs privés. Ce système est à l'avantage des grandes œuvres (tels certains chefs-d'œuvre du Metropolitain Museum), mais aussi de l'avant-garde. C'est un domaine où des personnes politiquement parlant conservatrices éprouvent un certain plaisir à provoquer, à s'exprimer. Ainsi, si Franco Zefirelli a pu donner libre cours à ses rêves les plus hardis et produire trois opéras de Puccini d'une exubérance extravagante, c'est parce qu'une gentille dame du Texas appréciait ses productions. Quant à l'avant-garde, la société américaine a beaucoup de jeunes artistes qui se rebellent contre les normes et les traditions en vigueur.

En raison de notre prospérité, ces artistes ont la possibilité de parcourir les États-Unis et d'aller en Europe pour mettre à l'épreuve leurs idées et expériences. Pour se faire un nom, ils doivent participer à des festivals tels ceux de Paris, Berlin et Amsterdam. Alors seulement, ils seront les bienvenus chez eux et pourront se présenter à un festival tel que celui de la Brooklyn Academy of Music qui est commandité par le plus grand fabricant de cigarettes des États-Unis, par le gouvernement fédéral, par la Ville de New York et par l'État de New York. Une évolution intéressante a marqué ces dix dernières années; elle est due, je pense, à l'apparition de nouvelles associations, de coopératives d'artistes représentant les différents types d'art, théâtre, danse, arts du spectacle; ces organismes ont tendance à encourager le travail et les présentations interdisciplinaires. Ce sont des agences à caractère non-commercial qui commanditent et facilitent les échanges entre des compagnies américaines et étrangères. Elles ont multiplié les possibilités permettant aux artistes américains et étrangers de montrer leurs productions aux États-Unis et ailleurs. Ces associations reçoivent des subventions du gouvernement et de sources privées. La plus grande difficulté de notre système paternaliste c'est d'aller au-delà d'un certain provincialisme typiquement américain. Bien que ma fonction m'ait permis d'encourager les échanges avec d'autres grandes villes comme Berlin, il me serait impossiblie d'offrir un soutien financier quel qu'il soit à des artistes étrangers.

FERDINAND NOWAK: L'art, c'est si beau, mais quel travail! Et le travail doit être rémunéré. Une peinture demande à être exposée, la musique à être écoutée, un livre à être lu. Cela exige des efforts d'organisation, une distribution pour que le producteur entre en contact avec le lecteur ou le consommateur d'art. Les subventions sont une des possibilités d'y arriver. Nous avons appris qu'un quart des sommes utilisées pour les arts à New York viennent de sources publiques et trois quarts de sources privées. En Allemagne et à Berlin, c'est le contraire, je suppose. Nous manquons de mécènes privés. J'approuve la position de M. Pforte selon laquelle les subventionnaires devraient faire preuve de discrétion, mais elle n'est pas dépourvue de naïveté puisque, en prenant la décision de promouvoir une activité culturelle avec les moyens limités dont je dispose, je renonce également à en promouvoir une autre. Ce dilemme demeure insoluble et la question qu'on devrait poser à M. Pforte est: Selon quels critères distribue-t-on les subventions? Ce n'est qu'en connaissant ces critères que je peux me prononcer sur la promotion de la culture à Berlin. Je travaille pour une fondation politique, en l'occurrence le Parti libéral allemand. Contrairement à l'Amérique du Nord, nous avons donc des fondations qui représentent les idéals et valeurs des partis politiques et qui administrent des fonds publics, entre autres pour la promotion de la culture. L'éventail de ce que nous réalisons est assez large.

Nos critères de sélection sont relativement simples: talent exceptionnel et engagement social. Nous favorisons les échanges internationaux, par exemple pour des troupes de théâtre comme le Haifa Theater d'Israël, leur permettant de faire une tournée en R.F.A., de communiquer leurs pratiques et expériences théâtrales et d'atteindre un public qu'elles ont peu de chances de rejoindre autrement. Nous offrons aux artistes étrangers la possibilité d'entrer en contact avec la culture allemande lors de leur séjour à Berlin, comme ce fut le cas d'un groupe de peintres, d'écrivains, de critiques d'art et d'officiels de la politique culturelle de la Grèce. Le film est un autre domaine d'intervention. Ainsi, nous avons organisé la semaine du film de «L'heure zéro», convaincus qu'il est important de rendre accessible au public la production cinématographique des années 1945 à 1949. Du point de vue commercial, ces films ne présentent aucun intérêt et ils n'auraient jamais pu être présentés sans aide financière. Or, l'avantage d'une fondation comme la nôtre est de pouvoir lancer des activités culturelles pour lesquelles aucun organisme commercial ne s'engagerait.

DIETGER PFORTE: Je répondrai à la question de M. Nowak! Dans une bonne entente, on doit se fier à la subjectivité éclairée des partenaires. La question de ce qui sera réalisé, de ce qui doit être reporté et de ce qui ne pourra pas être réalisé devrait, en fin de compte, être laissée aux intervenants de la culture et non aux subventionnaires. Donc, si la Maison de la littérature prévoit des activités pour 400 000 *marks* alors qu'il n'y a que 180 000 *marks* dans les caisses, ce n'est pas au Sénat de décider quels projets vont être réalisés. C'est un inconvénient, certes, et ce serait plus facile de refuser un projet en disant que le Sénat a coupé les subsides, mais ce rôle, nous ne voulons pas l'assumer. L'autodétermination des institutions culturelles comprend aussi cette responsabilité parfois difficile.

La culture subventionnée, n'est-ce pas la fin de la culture?

JÜRGEN PESOT: Je voudrais d'abord élargir la notion de culture. Jusqu'à présent, nous avons, me semble-t-il, établi une équivalence entre culture et art. Or, le fait de demander des subventions et de ne pas les obtenir, de protester, de contester, est pour moi un fait culturel éminemment important.

Demander une subvention, demander que telle chose se fasse, c'est poser un geste culturel qui peut être beaucoup plus vital que son résultat — à savoir l'obtention des subventions, du *copyright* pour les artistes, d'un statut juridique des intervenants culturels, de 1 % du budget national tel qu'exigé par l'Union des artistes du Québec, par exemple — puisque, là où on obtient tout cela, on court le risque que la subvention et l'intervention de l'État prennent le dessus sur les véritables artisans de la culture.

C'est bien que l'on demande que la culture soit organisée, que l'État intervienne, mais chaque fois que l'État intervient effectivement, il y a risque d'interventions illicites, de favoritisme, de *lobbying*, risque de privilégier une culture au détriment d'une autre.

DIETGER PFORTE: Je crois sincèrement que j'ai une notion très large de la culture, mais je dirais que demander de l'aide financière pour une activité culturelle ne constitue pas en soi un geste culturel. Au contraire, mon intention est de réduire les énormes contraintes auxquelles se voient exposés les artistes et les associations et institutions des arts parce que j'estime que c'est un gaspillage inconcevable des capacités créatrices si les artistes, pendant un an ou deux, ne font rien d'autre que d'essayer de trouver des sources de financement pour leurs idées excellentes au détriment de leur travail d'artistes. Un grand artiste n'est pas nécessairement un grand gestionnaire de fonds ou un bon employeur. C'est une tâche des services publics que nous exerçons déjà, dans une certaine mesure, à la Maison de la littérature, mais qui demande à être étendue à d'autres secteurs. Et puis, j'aimerais clarifier un autre point: à Berlin comme partout ailleurs où la culture est subventionnée, il y a des controverses. Chaque *mark* de plus, pour un théâtre par exemple, déclenche un débat politique virulent. Cela suppose que l'artisan de la culture autant que le promoteur de la culture acceptent d'emblée le conflit, soient prêts à se battre puisque c'est le seul moyen de résoudre ce conflit.

Culture interdisciplinaire
ou spectacle culturel?

ALAN LORD: Devrions-nous organiser la culture? cette question ne me préoccupe pas, j'agis! J'organise des rencontres dites de «Nouvelle Littérature» qui permettent de présenter de façon intéressante de la poésie, des artistes et des musiciens. Ceci ne signifie pas que le texte y perde de sa valeur; lorsque nous choisissons les artistes, la qualité de la littérature reste un point primordial. Ce que nous voulons, c'est présenter la littérature de façon à intéresser le public et à lui donner envie de se déplacer pour aller voir tel ou tel ensemble. Les soirées de poésie étaient devenues synonyme d'ennui; je cherche donc avant tout à placer la poésie et la fiction dans un contexte susceptible d'attirer le public. Après un festival auquel se présentent des centaines de participants et des écrivains, nous pensons que les gens auront envie d'aller dans une librairie et d'acheter un livre.

DIETGER PFORTE: Je pense, en effet, qu'il est important de démontrer que les arts ne vivent pas dans un vase clos, qu'il faut faire le pont entre les différentes expressions artistiques. Je cite comme exemple le Colloque littéraire de Berlin qui, dès ses débuts, a inclus le film et la photographie comme médias de diffusion littéraire en dehors du livre imprimé.

C'est donc la diversité des moyens qui est susceptible de sensibiliser le public et de lui faire découvrir des formes d'expression auxquelles il n'est pas habitué. Et là, les intervenants de la culture, et non pas les artistes eux-mêmes, je pense, ont un défi à relever. Ceci dit, il faut peut-être ajouter que diversification et innovation peuvent aussi aller trop loin. Des mises en scène urbaines comme celle du groupe Mythos Berlin, il y a quelques années, à l'occasion du 500ᵉ anniversaire de Luther, où des quartiers entiers de la ville furent transformés en spectacle, risquent de faire oublier le lieu réel plutôt que le faire revivre. C'est un développement dangereux qui va à l'encontre de l'authenticité des manifestations artistiques.

La culture doit-elle combler le déficit éducationnel?

DIETGER PFORTE: Je ne connais pas la situation au Canada, mais en R.F.A. et à Berlin les activités culturelles ont une tâche importante à accomplir, soit de combler les déficits que laisse l'école puisque les jeunes ne reçoivent plus une éducation esthétique suffisante. Les arts et la culture doivent assumer ce rôle éducateur et nous sommes appelés à déployer nos efforts pour transmettre aux jeunes le code des créations artistiques et les expériences collectives qu'elles véhiculent. Développer la réceptivité demeure, selon moi, un des éléments les plus importants pour tous les intervenants de la culture.

HERBERT WIESNER: J'aimerais enchaîner avec ce que M. Pforte vient de dire en apportant un complément qui touche plus particulièrement la diffusion de la littérature. Toute manifestation littéraire est, au fond, une recherche du lecteur ou de nouveaux lecteurs. Les littératures étrangères déjà traduites en allemand rencontrent une résonance favorable auprès du public. Il est par contre extrêmement difficile de présenter des œuvres nouvelles non encore traduites. La chance de connaître quelque chose de nouveau demeure, pour ainsi dire, sans résonance. Par contre, les présentations multimédiales, combinant texte littéraire, musique, film, etc., créent des ouvertures au point qu'on peut même se passer de la traduction. Conscients de ce dilemme, nous tentons néanmoins de présenter de jeunes auteurs dont les œuvres ne sont pas encore traduites, au risque d'une assistance peu nombreuse et d'un succès mitigé. Mais ce n'est pas la quantité qui doit justifier nos efforts dans ce domaine.

MARGRET IVERSEN

Subvention ou subversion?

La littérature à Berlin et sa commercialisation

Rétrospective

Berlin, fin des années vingt. Alors qu'il était en vacances à Sylt, une île de la mer du Nord, l'éditeur Ernst Rowohlt rencontra par hasard l'écrivain Hans Fallada. Quelques années auparavant, Rowohlt avait édité deux romans de Fallada mais n'avait plus entendu parler de lui par la suite. «Ça alors! Fallada! que faites-vous donc ici?» lui dit l'éditeur en l'abordant. Fallada lui expliqua qu'il gagnait sa vie en recrutant des abonnés dans ce lieu de villégiature. Jugeant que ce n'était pas la place du romancier, Rowohlt l'emmena à Berlin et l'embaucha dans sa maison d'édition. Ce nouveau gagne-pain n'avait qu'une particularité et Fallada s'en souvient:

> «Sans me donner la moindre explication, il avait décidé que ma journée de travail se terminait à 14 h 00. Il n'avait jamais fait mention de mes deux parutions antérieures. Il ne m'avait jamais demandé si j'avais l'intention d'écrire quelque chose de nouveau. Mais, à 14 h 00, il me renvoyait chez moi et me donnait la demi-journée de congé[1].»

Des anecdotes comme celle-là, on en raconte volontiers à Berlin de nos jours; elles datent des années vingt, alors que la vie intellectuelle occupait une place prédominante à

---

1. Extrait de: *Rowohlt Revue,* juillet-août-septembre 87.

Berlin. Les courants littéraires étaient des plus divers, allant du réalisme au dadaïsme, en passant par l'existentialisme. Comme le laissent entendre ces anecdotes, les écrivains de cette époque jouissaient encore de la bienveillante protection des grands de l'édition. Ces éditeurs, dont les plus importants étaient Ernst Rowohlt, Samuel Fischer ou Paul Cassirer, semblaient, à ce qu'on raconte, voués entièrement à l'éthique de la littérature et avaient d'abord été des bibliophiles avant d'être des hommes d'affaires.

Ces histoires sont néanmoins des légendes et celle que je viens de raconter ne figure pas par hasard dans une brochure publicitaire de la maison d'édition Rowohlt. Ainsi, Else Lasker-Schüler, déçue et indignée, écrivit au milieu des années vingt, *Ich räume auf* (*Je déblaye*): l'histoire des pratiques odieuses de trois grands éditeurs. Ces «millionnaires d'avant-guerre» comme elle les appelle, n'ont-ils pas renfloué leurs maisons d'édition aux dépens de Lasker-Schüler? Quand il s'agissait d'honoraires, ils se dispensaient trop souvent de la payer, prétextant que ce serait un geste déplacé devant la beauté de ses poèmes! Comme elle a souffert de froid et de faim pendant les hivers qu'elle a passés à Berlin! Alors, dénonçant l'arbitraire des maisons d'édition, elle lance cet appel aux écrivains privés de tout droit:

> «Formons un syndicat tout comme les ouvriers;
> faisons de notre art l'affaire de l'État. Notre temple
> bleu n'appartient pas à un homme d'argent, il est le
> bien de tous. Athéniens, soyons l'État[2]!»

Aujourd'hui, plus de 60 ans plus tard, le souhait de Lasker-Schüler a été exaucé, au-delà même de ses espérances. Suivant l'exemple des ouvriers, les écrivains se sont syndiqués et l'État est devenu le protecteur des arts.

Il est vrai que les grandes maisons d'édition qui jouaient tantôt les mécènes généreux, tantôt les vampires, ont quitté

---

2. Else Lasker-Schüler, «Ich räume auf! Meine Anklage gegen meine Verleger», dans *Prosa und Schauspiel*. Œuvres complètes, tome 2, Munich 1962, page 529.

Berlin. Après la construction du mur, quand ce ne fut pas après la guerre, les anciennes maisons spécialisées dans l'édition littéraire se sont installées en Allemagne de l'Ouest.

Quelles sont donc à présent les conditions qui permettent de «faire» de la littérature à Berlin? Qu'en est-il des écrivains et du «temple bleu» de la poésie qui, selon Else Lasker-Schüler, appartient à tous et non au monde des affaires?

À Berlin, ceux qui encouragent la littérature ont un tout autre visage. Ils ne sont, dans la plupart des cas, ni particulièrement riches ni indépendants; ils ne profitent pas directement du succès d'un livre comme l'éditeur, et il ne leur est pas permis de contribuer à titre personnel à la célébrité de «leur» écrivain, comme le font les mécènes privés. Ce sont des employés de la fonction publique, des membres d'un jury qui décernent des prix littéraires et accordent des bourses. Ceux qui distribuent les subventions gouvernementales occupent des positions clés dans le vaste réseau que constitue l'industrie de la littérature. L'élément moteur de cette industrie, c'est le Sénat de Berlin, plus précisément le sénateur aux affaires culturelles. Il encourage les arts plastiques, le cinéma, les théâtres publics et les groupes indépendants, la musique *rock* et les expositions. Depuis quelque temps, il encourage fortement la littérature.

Le fait que la littérature ait besoin d'encouragement n'est pas un problème propre à Berlin-Ouest. Ce problème est commun à l'ensemble de la littérature de langue allemande. Les auteurs qui peuvent vivre uniquement des droits que leur rapportent leurs publications représentent une exception; ce sont en général des auteurs de littérature dite facile. Mais, ici, il ne sera question que de littérature en tant qu'art, de littérature sérieuse. Les écrivains concernés par cette écriture ne peuvent subsister sans l'aide de prix et de bourses. Dans l'espace germanophone — comme partout ailleurs —, il y a tout un réseau de mesures de soutien. Mais, encourager la littérature, ce n'est pas seulement encourager les auteurs. Les subventions vont également aux distributeurs de la littérature; ce sont, par exemple: les bibliothèques qui doivent élargir leur *stock* de livres et organiser des lectures, les écoles, prisons, librairies, cafés, hospices de vieillards, universités populaires et finalement les hautes écoles et académies d'art et de littérature. Bref, tous ceux dont les activités ont pour but de faire connaître davantage la littérature reçoivent de l'argent de l'État. La littérature se propage également par les feuilletons dans les journaux, les émissions littéraires et les magazines culturels à la radio et à la télévision, et tout cela ne se fait pas sans soutien financier.

Au début des années quatre-vingt, le Sénat commença à porter de l'intérêt aux écrivains qui vivent à Berlin. En 1982, la CDU (Union chrétienne démocrate) était arrivée au pouvoir et avait donné une place prioritaire à la politique culturelle. Cette orientation politique favorisa le sort des artistes. Pour ce qui est de la littérature proprement dite, le Sénat se mit en demeure de répondre à des demandes qui dataient des années soixante-dix.

La condition d'écrivain

Dans les années soixante-dix, l'Association des écrivains (Verband der Schriftsteller), formée par Heinrich Böll en 1969, s'était affiliée au Syndicat de l'imprimerie. Le fait que les écrivains aient ressenti le besoin de faire partie d'un syndicat était dû au changement intervenu dans leur situation professionnelle et dans leur compréhension d'eux-mêmes. En effet, la plupart des écrivains d'alors étaient des professionnels qui écrivaient pour les médias. Ils gagnaient leur vie en travaillant sous contrat pour la radio, la télévision et les journaux, donc presque toujours comme travailleurs indépendants rétribués. Malgré cela, ils se considéraient d'abord et avant tout comme des écrivains mais, pour des raisons financières, ils ne pouvaient consacrer tout leur temps à l'écriture.

L'Association des écrivains a mené une longue lutte avant d'obtenir des contrats-types auprès des maisons d'édition, des honoraires pour les lectures radiophoniques et, finalement, un régime d'assurance sociale en vigueur depuis 1981. Entreprise d'ailleurs unique en Europe, cette caisse sociale des artistes régit l'assurance maladie et l'assurance des rentes de tous les écrivains indépendants.

Une étude, parue en 1976 et portant sur la condition sociale des écrivains, avait fait impression sur l'opinion publique et consolidé la place de l'Association des écrivains au sein même de son syndicat. Dans les faits, l'intégration des écrivains aux structures de la société s'est donc faite dans les années soixante-dix. Dès lors, la fonction d'écrivain se vit définie dans les mêmes termes que celle de journaliste: socialement parlant il était perçu comme un producteur de mots, qu'il écrive des poèmes ou qu'il rédige le reportage d'une manifestation. L'avantage à ne pas dédaigner fut d'ordre pratique: l'écrivain devenait une réalité sociale; on pouvait établir une comparaison entre sa situation sociale et celle d'autres professionnels. On se rendit ainsi compte qu'il était défavorisé et on entreprit d'améliorer son sort.

Conditions berlinoises

En adoptant sa politique en matière de littérature, le Sénat de Berlin ne réagissait pas seulement aux études et tendances générales venant de la République fédérale. En 1981, paraissait en effet à Berlin une étude sur les écrivains vivant dans cette ville. Cette étude, menée par Funk et Wittmann[3] et parue sous le titre controversé de *Capitale de la littérature*, insiste surtout sur le nombre important d'écrivains vivant à Berlin. Selon ces chiffres, Berlin compte 2 millions d'habitants dont 500 écrivains (Funk/Wittmann avancent le chiffre de 350 écrivains, au sens étroit du terme; l'Association des écrivains de Berlin parle de 600. Ici, je retiendrai le nombre estimé par le Sénat). Or, la République fédérale comptant

---

3. Holger Funk, Reinhard G. Wittmann, *Literaturhauptstadt-Schriftsteller in Berlin heute*, Berlin Forschung Band 8. Berlin, 1983.

6000 écrivains sur une population de 60 millions d'habitants, il y aurait deux fois et demie plus d'écrivains à Berlin qu'en République fédérale. C'est bien évident que de tels calculs paraissent absurdes, mais ils fournissent des arguments aux politiciens responsables des Affaires sociales au Sénat de Berlin.

La politique culturelle du Sénat favorise les artistes de l'écriture car ces derniers aident cette ville dans sa quête d'identité. Le bourgmestre régnant Eberhard Diepgen écrit, à l'occasion des célébrations entourant le 750e anniversaire de la ville:

> «Objet de la politique internationale, Berlin n'a de chances que si, conscient de sa propre valeur, il devient son propre sujet et définit ses propres intérêts[4].»

D'un point de vue politique, la CDU (Union chrétienne démocrate) insiste, comme elle l'a toujours fait, sur le rôle de Berlin en tant que capitale. Diepgen s'exprimait encore ainsi:

> «Une des caractéristiques de Berlin réside sans doute dans les discussions portant sur son rôle de capitale [...] Au cours de ses 750 années d'histoire, Berlin ne fut la capitale politique de l'Allemagne, au sens strict du terme, [...] que durant une courte période [...]. Mais la capitale des Allemands, de la nation allemande, ne peut être que Berlin, Berlin dans son intégralité. Ce ne peut être ni Bonn, ni Francfort, ni encore Berlin-Est.»

Derrière le vocable de capitale se cache toute la question de la réunification des deux États allemands. Pour le moment, la CDU fait preuve d'une certaine réserve face à ce problème; en adoptant une attitude discrète dans les questions d'ordre politique, on évite des affrontements peu souhaitables dans le domaine de la culture. En effet, ce qu'on a

---

4. Eberhard Dipgen, «Impulse für die Zukunft - Eine Stadt in der Mitte». *750 Jahre Berlin*. Berlin, 1986, p. 15.

coutume d'appeler la question allemande préoccupe peu les artistes et les intellectuels de Berlin. Malgré tout, l'idée de capitale s'est répandue dans les brochures publiées à l'occasion des fêtes du 750e anniversaire de la ville; ce terme, utilisé aussi bien comme synonyme de métropole que dans son acception politique, a fini par avoir un certain impact.

Dans le domaine de la littérature, un petit exemple montre à quel point à Berlin, le langage qu'on utilise dans un but délibéré de propagande fait le jeu de la politique. Tandis que dans un rapport du Sénat portant sur la situation de la littérature à Berlin, le responsable des Affaires littéraires, Dietger Pforte, parle de cette ville comme d'«*un* centre de littérature de langue allemande[5]» un numéro spécial du *Börsenblatt für den Deutschen Buchhandel* (Journal des libraires allemands) fait de la ville «*le* centre de la littérature de langue allemande[6]». Cette promotion politico-stylistique a un précédent: *Capitale de la littérature* fut en effet le titre que Funk et Wittmann avaient donné à leur enquête portant sur la situation des écrivains à Berlin-Ouest en 1981.

La plupart des écrivains qui vivent et écrivent à Berlin n'abordent qu'accessoirement la question allemande. Selon un sondage effectué par les auteurs Funk et Wittmann auprès de plus de 300 écrivains berlinois, l'écrivain berlinois donne comme symboles d'identification des exemples négatifs: mauvaise planification dans la reconstruction, politique d'assainissement destructrice (l'autoroute métropolitaine, le Palais des congrès délabré, quartiers de Kreuzberg en démolition). Le mur, en comparaison, n'a qu'une importance secondaire.

L'attrait de Berlin pour les écrivains ne saurait être mieux exprimé que par cette métaphore de Günter Grass: «Berlin, blessure permanente». Grass explique cette image: «Toutes les crises mondiales qui, vues de loin, nous déconcertent par leur diversité, se cristallisent à Berlin, comme

5. *Bericht zur Situation der Literatur in Berlin.* Berlin, Senator für Kulturelle Angelegenheiten (rédaction: Dietger Pforte). 1983, p. 3.

6. *Börsenblatt für den deutschen Buchhandel*, n° 21, Francfort, 13.3.1987, p. 812, 1.

si cette ville, par cette accumulation de problèmes, voulait prouver son exemplarité[7].»

Le partage de la ville, son insularité, ses signes de décadence, son caractère artificiel, son orgueil, la diversité de ses subcultures, bref ses fêlures, font de Berlin un symbole de modernité, un réservoir de matériaux pour écrivains. Cela se reflète dans les nombreuses publications sur Berlin où les écrivains expliquent, sans qu'on les y incite, l'importance de la ville dans leurs œuvres.

Dans tous les propos que tiennent ces écrivains, il y a bien peu de déclarations d'amour et, lorsque c'est le cas, cet amour est synonyme d'illusion, comme dans ce poème de Joy Markert:

> Berlin-Ouest,
> comme j'aime cette ville
> qui veut faire passer son gros ventre pour une grossesse,
> ce ventre d'affamée[8].

Pour la génération des écrivains nés avant la guerre, l'attrait de Berlin réside dans la présence relativement peu dissimulée du passé. À Berlin, depuis le mouvement des squatters, la bataille a gagné le terrain de l'architecture; on se bat avec acharnement contre les travaux de remblai exécutés à la légère, on se bat contre l'oubli. Le cas le plus récent a été celui de l'ancienne prison de la Gestapo dont on a dégagé les murailles à l'encontre de l'intention première du sénateur à la Construction. Le poème de Joy Markert présente Berlin comme une métropole dont la vigueur apparente n'arrive pas à cacher un avenir sans issue.

C'est donc le présent qui attire les écrivains à Berlin-Ouest. Parmi eux, un tiers seulement sont de Berlin; la plupart sont originaires d'Allemagne fédérale ou exilés de la République démocratique et d'autres États du bloc de l'Est. Selon eux, ce qui les retient dans cette ville, ce n'est pas la vie

---

7. Cf. note 5, p. 5.
8. Peter Feraru (éd.), *Berliner Lesebuch*. Karlsruhe, 1986, p. 116.

culturelle ou le soutien financier dont bénéficie la littérature mais, comme je l'ai dit précédemment, la ville et ses fêlures. Hans Christoph Buch écrit en 1983:

> «Ce qui s'écrit à Berlin ne fait plus école et n'influence plus les styles, comme ce fut le cas au cours des années vingt et durant une courte période à la fin des années soixante, Berlin n'a plus ce rôle de chef de file en matière de littérature[9].»

En gros, cela reste vrai.

L'appui du Sénat à la littérature

Lorsque, conformément à ses objectifs politico-culturels, le Sénat augmente son appui à la littérature, il ne se réfère pas à la qualité de la littérature mais à la quantité d'écrivains que la ville attire.

En 1983, le Sénat de Berlin a rédigé un rapport sur la situation de la littérature, dans lequel il propose une amélioration de l'appui financier, puisque la loi fondamentale exige que l'État garantisse la liberté de l'art. Dans ce rapport du Sénat, on peut lire ce qui suit:

> «L'appui financier de l'État à la littérature et aux écrivains vise à préserver, voire à rétablir, l'indépendance de la littérature tant dans le domaine de la production que dans les domaines de la distribution et de la réception. L'appui donné aux écrivains doit contribuer à ce qu'ils puissent écrire comme ils veulent et écrire et publier ce qu'ils veulent[10].»

---

9. Cf. note 5, p. 4.
10. Cf. note 5, p. 15.

Face aux contraintes du marché de la littérature, l'État s'engage donc à donner aux écrivains le loisir d'écrire. Il réagit ainsi aux conditions de dépendance sociale dénoncées par l'Association des écrivains et les études précitées. Dans le contexte berlinois, le passage de la promesse à la réalité a été très lent mais très satisfaisant pour les parties intéressées. L'année dernière, M. Hassemer, sénateur aux affaires culturelles, a annoncé une augmentation de 100% du budget prévu pour la littérature; cela ne représente toutefois que 1% du budget total réservé à la culture, de sorte que nous parlerons d'une amélioration toute relative, la littérature ne jouant encore qu'un très petit rôle comparativement aux autres médias.

De quelle façon cet argent est-il réparti et les auteurs en profitent-ils réellement? Répondons tout de suite que même l'Association des écrivains de Berlin est satisfaite de la politique du Sénat chrétien-démocrate envers la littérature. L'Association trouve que cette politique est généreuse et coopérative. L'Association a toujours recommandé qu'on améliore ce que l'on appelle le soutien direct aux écrivains. Depuis qu'on a multiplié par trois le montant consacré aux lectures d'auteurs, les écrivains ne se voient plus obligés de donner des lectures de leurs œuvres gratuitement. Le tarif de 300 marks que l'Association des écrivains réclamait déjà depuis des années est versé à l'auteur par l'institution qui organise la lecture: libraire, propriétaire de café, etc., cet argent venant de l'État.

L'augmentation des bourses de travail constitue une autre amélioration importante. Jusqu'en 1985, on accordait de 12 à 14 bourses par année; depuis, ce nombre est passé à 25. Cet appui financier est destiné à aider les écrivains à terminer un travail en toute sérénité. Les boursiers choisis par un jury de 5 membres reçoivent 1 500 marks par mois pendant 6 mois; ils n'ont aucune condition à remplir; ils ne sont pas tenus de terminer l'œuvre qu'ils ont commencée. Ce type de soutien rencontre un vif intérêt auprès des écrivains; il est dans la ligne des promesses faites par l'État. L'Association des écrivains demande, quant à elle, qu'on prolonge la durée de l'aide financière à 12 mois et que l'on augmente à

30 le nombre de bourses accordées. Elle propose aussi que l'on tienne compte davantage de la situation sociale que de la qualité du texte soumis pour l'obtention de la bourse. De plus, elle réclame pour les écrivains un meilleur accès à l'aide sociale. Conformément à la tradition syndicale, elle invoque le droit à l'égalité des chances et demande que les critères en vigueur soient ceux des autres professions.

Les institutions et les auteurs de Berlin

Près des deux tiers du budget réservé à la littérature vont à des promoteurs indirects: autrement dit, ce sont les institutions berlinoises à vocation littéraire qui bénéficient de ces subventions. Il y a, en premier lieu, le Colloque littéraire qui existe depuis 1956; ensuite, l'Académie des arts, institution non moins vénérable, et, toute récente, la Maison de la littérature, ouverte en 1986 au centre-ville.

Toute institution de ce type semble vouée à se scléroser, peu importe qu'elle poursuive une mission particulière ou qu'elle se laisse porter par les tendances et les modes du marché littéraire. L'évolution du Colloque littéraire en est un bon exemple. Au début des années quatre-vingt, la critique se fit plus vive à l'égard de cette institution du Wannsee qui, dirigée par Walter Höllerer, était restée aux mains des mêmes personnes depuis sa fondation. On lui reprochait de s'être figée et de s'être désintéressée de la réalité berlinoise et des écrivains de la relève. Suite toutefois aux débats officiels portant sur la littérature à Berlin, le Colloque littéraire entreprit une restructuration qui, depuis 1983, lui a permis d'être plus créatif dans le domaine des activités littéraires.

Lorsqu'il fut question d'ouvrir une Maison de la littérature au centre-ville, les écrivains redoutèrent le pire. En effet, face à la commercialisation croissante de la culture berlinoise, on ne voulait se faire aucune illusion. La conception architecturale et l'aménagement intérieur semblaient indiquer qu'on avait prévu là une autre instance représentative du Sénat. Cette ancienne villa Jugendstil, autrefois café puis maison de tolérance, a pris en effet une allure très postmoderne: salles de réunion de bon goût, nappes blanches, serveurs en complet noir et consommations onéreuses... un geste qui flatte en somme plus la scène littéraire que les écrivains de Berlin qui eux se mêlent plutôt à la foule bigarrée des cafés de Schöneberg et de Kreuzberg ou préfèrent attendre le petit matin, place Savigny.

Mais, un an plus tard, les craintes semblent se dissiper. Ainsi, au moment des nominations, l'Association des écrivains a eu son mot à dire. Dans la personne de Herbert Wiesner, autrefois critique du journal *Süddeutsche Zeitung*, l'Association a pu saluer un collègue; en plus, la représentation paritaire assure à l'Association des écrivains une influence sur la programmation de la Maison de la littérature.

Toutes les institutions à vocation littéraire y sont représentées: le Colloque littéraire; la Neue Gesellschaft für Literatur (nouvelle Société de littérature), un cercle littéraire groupant des auteurs faisant partie de l'Association des écrivains; l'Académie des arts; l'Association des écrivains, et Dietger Pforte en tant que représentant du Sénat, pour ne nommer que les plus importants. Les représentants de toutes ces organisation agissent en quelque sorte comme *lobby* de la littérature à Berlin. Leur efficacité s'est fait sentir lors des préparatifs entourant la célébration du 750e anniversaire de la ville: dans l'organisation des festivités, on avait totalement oublié la littérature et son financement; le groupe de pression réussit à obtenir des fonds, et comme les écrivains y sont représentés, les auteurs ont eu leur part.

Le prix de la participation

Certes, la participation est payante mais elle a aussi son prix. Exemple: la participation des écrivains de Berlin aux célébrations du 750e anniversaire. L'Académie des arts, en collaboration avec le Colloque littéraire, organisa une série de rencontres au cours desquelles 21 écrivains de Berlin devaient évoquer le souvenir d'un auteur berlinois. La série s'intitulait: «Rencontres - Confrontations de Berlin». (Ces textes ont d'ailleurs été rassemblés et publiés en livre de poche chez Ullstein[11].) Ce furent des conférences académiques brossant des portraits d'auteurs, retraçant des souvenirs de lectures ou imitant, malheureusement trop rarement, le style de l'auteur présenté. De confrontations avec le présent, il n'y en eut guère. Les discussions avec le public furent plutôt rares, les orateurs quittant la scène dès les applaudissements.

Si on compare ces séances avec celles que Günter Grass organisa il y a deux ans sous le titre: «Vom Elend der Aufklärung» (De la misère des Lumières), la différence est frappante. Le titre lui-même est une provocation qui fait référence à des auteurs se situant dans une tradition bien précise. Les «Rencontres - Confrontations de Berlin» ne précisaient pas leur thème. Elles indiquaient seulement un lieu. Le titre lui-même semblait suggérer que Berlin en tant que lieu d'écriture avait un contenu qui se passe d'histoire. Mais cette continuité est un leurre. Le Berlin de Walter Benjamin, Else Lasker-Schüler ou Bert Brecht a été détruit. Berlin, la ville prussienne d'un Heinrich von Kleist, n'a plus rien à voir avec la métropole d'aujourd'hui.

Les institutions n'ont cependant ni critiqué ni dénoncé les fausses identités liées au mythe Berlin et, lorsqu'on a distribué les rôles, on ne s'est même plus interrogé sur le contenu. Même l'Association des écrivains s'est abstenue de toute déclaration. J'ai appris que certains avaient pris position de façon individuelle seulement. Je pense à Bodo Morshäuser, qui fit des commentaires dans l'hebdomadaire *Die Zeit* à propos des célébrations qui eurent lieu à Berlin. Dans un article intitulé «Culture Club Berlin», il a aussi critiqué la participation de l'ancienne gauche, la mise en scène de la ville, mise en scène qui tourne le dos à la réalité sociale[12].

---

11. Ulrich Janetzki (éd.), *Begegnungen - Konfrontationen, Berliner Autoren über historische Schriftsteller ihrer Stadt*. Francfort, Berlin, 1987.
12. *Die Zeit*, n° 17, 17.4.1987, p. 54.

Morshäuser a refusé toute participation aux fêtes du 750e anniversaire de Berlin et a ainsi renoncé à ses honoraires. Entre-temps, sur la scène littéraire, on a qualifié cette fête anniversaire de foire commerciale. Il fallait pourtant s'y attendre: en 1984, après que le Sénat eut organisé le premier grand spectacle culturel en présentant «Le Songe d'une Nuit d'été de Berlin», l'Académie des arts, instance consultative statutaire aux affaires culturelles, adressa une mise en garde officielle au sénateur:

> «Presque toutes les activités qui ont été proposées cet été à Berlin sous le concept d'art étaient des entreprises plus commerciales que culturelles. À grand renfort de publicité, de spectacles techniques, de théâtre populaire amateur et de foires, on nous a servi une pseudo-culture. Plus que la qualité des représentations, c'est le nombre de visiteurs, de décibels et d'hôtels affichant complet qui a décidé du succès de l'entreprise. Des projets aussi peu compétents bafouent le travail des institutions culturelles de Berlin[13].»

Il y a trois ans, alors que Günter Grass dirigeait l'Académie des arts, les institutions se prononcèrent clairement contre toute commercialisation de la culture, et les écrivains de Berlin, membres de l'Association, avec Günter Grass à leur tête, furent les plus virulents.

Est-ce que quelque chose a changé? La protestation de l'Association des écrivains et de l'Académie contre le spectacle subventionné par le Sénat n'était-elle qu'un reliquat des années soixante-dix? Où étaient donc les critiques, lors des coupures budgétaires qui affectent déjà les bibliothèques? Idéologues, critiques et provocateurs de l'État social seraient-ils tous devenus muets parce qu'ils ont eu leur part du gâteau? Ces questions, nous les posons aussi aux écrivains, eux qui ont participé aux spectacles littéraires de masse ou

---

13. «Stellungnahme zum Berliner "Sommernachtstraum"», *Akademie der Künste (Anzeiger N° 1)*, 10/1984, p. 3.

qui, en tant que représentants de l'Association, ont pris part à la préparation des fêtes du 750ᵉ anniversaire de Berlin.

On considère que l'Association des écrivains est la seule instance représentative, vu qu'elle regroupe plus de 40% des écrivains de Berlin-Ouest. Le sondage mené par Funk/Wittmann en 1981 révèle cependant qu'il y en a presque autant qui ne font partie d'aucune association. Actuellement, on remarque que les auteurs de la jeune génération refusent énergiquement toute forme d'organisation; même certains syndiqués convaincus ont tourné le dos à l'Association. En dépit de cela, l'Association des écrivains reste le partenaire privilégié à qui le Sénat s'adresse lorsqu'il forme les jurys paritaires qui octroient les bourses.

Ces jurys occupent une fonction clé dans l'industrie de la littérature à Berlin. On se plaint que ce soient toujours les mêmes personnes qui y siègent. Certains écrivains et hommes de lettres participent à 4 ou 5 jurys. Les uns louent leur civisme en faisant référence au bénévolat et au temps qu'exige la lecture des manuscrits soumis en vue d'obtenir les bourses de travail. Les autres voient en eux des écrivains médiocres dont l'engagement ne cache que l'appétit du pouvoir. On déplore également le fait qu'il n'y ait pas de critiques dans les jurys. Comme on le sait, la critique littéraire n'est pas très appréciée à Berlin, mais il y a tout de même un grand nombre de critiques littéraires de la radio ou des journaux ouest-allemands qui habitent à Berlin. Les jurys font très peu appel à leur expérience.

Aurions-nous affaire à une nouvelle forme d'arbitraire? Les subventions à la littérature et aux écrivains seraient-elles toujours à la merci des caprices du pouvoir, comme Else Lasker-Schüler en fit l'expérience?

Nous n'irons pas jusqu'à affirmer cela. La sécurité sociale des écrivains s'est améliorée; la politique des subventions à la littérature est devenue plus démocratique et a gagné en transparence.

Pourtant, la composition paritaire des jurys ayant des points faibles, considérations politiques et sociales profitent à certains écrivains tandis qu'elles en désavantagent d'autres: pensons au traitement de faveur réservé aux écrivains du bloc de l'Est. Très peu d'écrivains turcs sont connus à Berlin et l'apport venant d'autres minorités ethniques, comme les Grecs et les Yougoslaves, est pratiquement absent de la vie littéraire de la ville. Les spectacles que ces minorités ont donnés au cours des célébrations du 750ᵉ anniversaire de la ville ont eu lieu en marge des festivités; l'écho qu'en ont donné les journaux était faible. Les Turcs ont pour ainsi dire renoncé aux traductions en allemand lorsqu'ils donnaient lecture de leurs œuvres. Sont-ils à ce point habitués à ce qu'aucun Allemand ne s'y intéresse?

Celui qui connaît le Berlin des années vingt déplorera le provincialisme de sa littérature contemporaine et l'étroitesse d'esprit de ses décisions politico-culturelles. Un rédacteur littéraire de la radio *Sender Freies Berlin* emploie ces termes pour décrire l'industrie de la littérature: «Une fois que tu y es, tu peux faire ce que tu veux, la seule difficulté étant d'y entrer.»

Cette critique met en question les critères de jugement de la littérature. À ce sujet, il ne faut pas oublier qu'avec l'extermination et l'expulsion par les nazis des artistes et intellectuels juifs, une tradition artistique s'est éteinte à Berlin. La littérature du Berlin d'aujourd'hui fait piètre figure lorsqu'on la juge d'après les critères que cette tradition avait établis.

Par suite du mouvement étudiant, la qualité esthétique et l'originalité devinrent un objectif secondaire chez les écrivains et les critiques littéraires. Cela a changé depuis, il est vrai, et la littérarité des textes est un des sujets prioritaires discutés dans les débats de l'Association des écrivains.

L'indépendance des écrivains et la force subversive de la littérature

À Berlin-Ouest, quelques écrivains sont de plus en plus conscients du dilemme qui se pose à eux. D'une part, leur appartenance à l'Association les expose à des contraintes politiques et, d'autre part, ils ne peuvent se passer de ceux qui représentent leurs intérêts économiques. En février 1986, les écrivains Anna Jonas, Hans Christoph Buch et Günter Grass lançaient une invitation qui rappelait l'«union des solitaires» de Heinrich Böll, devise de la fondation de l'Association en 1969; mais, cette fois, on allait discuter de la «désunion des solitaires».

À l'ouverture de cette assemblée, F.C. Delius prononça un discours très remarqué qui reflète bien les changements importants. Pour Delius, représentant typique des écrivains de gauche de la génération de 1968, l'Association n'aurait désormais qu'une fonction, celle de représenter les intérêts sociaux, économiques et juridiques des écrivains. Toujours selon Delius, la littérature dispose d'appuis suffisants dans la société. Ainsi, la phase des années soixante-dix, celle qui avait vu la reconnaissance juridique de la profession d'écrivain et l'institutionnalisation de ses intérêts, paraissait révolue.

Delius soulignait que le problème essentiel des écrivains était l'absence de débat littéraire. Il préconisa la mise sur pied d'un symposium qui établirait des critères pour la critique littéraire, considérant qu'il était indispensable de faire pression sur la critique actuelle beaucoup trop soumise aux tendances du marché. Delius terminait en demandant aux écrivains de reprendre conscience de leur position intellectuelle privilégiée. Voici, textuellement, ses propos:

> «Un groupement littéraire ne doit pas craindre qu'on le soupçonne d'être élitiste. Nous, les écrivains, "vivons de doutes, de questions et du bouleversement de nos certitudes", dit-il en citant le romancier tchèque Milan Kundera, aussi sommes-nous portés à oublier ce qui fait notre force: il importe que nous nous rendions compte que nous sommes les seuls, avec les cinéastes et peut-être les gens de théâtre, à pouvoir jeter un regard universel non technique sur l'humanité. Ces propos paraîtront élitistes, mais ne pas y adhérer serait faire preuve de lâcheté[14].»

---

14. *Die Feder*, n° 3, 1986, p. 34.

Ce colloque fit des remous dans la presse qui, derrière le terme d'élite, crut déceler «la nostalgie d'une tour d'ivoire postmoderne[15]» et le virage à droite d'«écrivains, anciens actifs de la gauche[16]». Ces critiques — extraites de quotidiens comme la *Süddeutsche Zeitung* et la *Frankfurter Rundschau* — confirment précisément la faiblesse de la critique littéraire en Allemagne fédérale.

Le soi-disant virage à droite qu'on impute à Delius n'est en réalité qu'un retrait prudent de l'industrie littéraire en même temps qu'un appel lancé aux écrivains pour qu'ils réfléchissent à la position particulière qu'ils occupent dans la société. Il est un appel à l'autonomie intellectuelle et à une démarcation nette face au pouvoir institutionnel auquel appartient l'industrie de la littérature. En préconisant un forum des écrivains berlinois, Delius reste fidèle à la tradition de l'engagement social. Avec son slogan: «union des solitaires dans l'Association des écrivains — désunion des solitaires dans le débat littéraire», il veut précisément ranimer le débat sur la fonction de la littérature au sein de la société.

Cette séparation des questions littéraires et des intérêts économiques est beaucoup plus que le reflet d'un clivage d'opinions à l'Association des écrivains. Elle constitue une mise en question du rapport entre littérature et pouvoir dans les années quatre-vingt. Où commence ce copinage contre lequel Delius met en garde? À quel moment un écrivain va-t-il échanger son autonomie contre la tutelle du pouvoir?

Dans l'industrie de la littérature de Berlin, l'écrivain est constamment confronté à cette question. Il doit y penser quand il accepte de se présenter à une émission de télévision au cours de laquelle — comme cela s'est vu fin juillet — quatre auteurs de Berlin récitent des poèmes au rythme de trois minutes chacun, s'adressant davantage l'un à l'autre plutôt qu'aux spectateurs. Ils doivent se poser cette question aussi quand, représentant l'Association des écrivains dans un jury, ils participent à la sélection pour l'octroi de prix et de bourses de travail. Lutter contre des modèles d'expression, de

---

15. Wolfgang Werth, *Süddeutsche Zeitung*, 12.2.1986.
16. Wolfram Schütte, *Frankfurter Rundschau*, 13.2.1986.

jugement et de perception dépassés, être le grain de sable dans l'engrenage, cela exige plus que jamais une grande indépendance d'esprit de la part de l'écrivain.

Jamais auparavant l'écrivain n'a-t-il fait face à une «gestion aussi totale de l'imagination et de la langue» (Gert Heidenreich) qu'à notre époque où les médias de masse sont passés maîtres du divertissement. Jamais auparavant l'intérêt du pouvoir ne fut-il plus mêlé à toutes les sphères de la vie sociale.

Le pouvoir a changé de visage. Il est souriant et tend la main pour offrir des subventions. Dans l'industrie de la littérature, le pouvoir est présent dans la plus petite des décisions, qu'elle soit prise sous l'effet de la concurrence, par complaisance ou au nom de modes plus que de la qualité littéraire. Les responsables de la littérature dans les institutions berlinoises se plaignent de ne pas avoir le temps de lire, et les membres du comité de direction dc l'Association des écrivains se lamentent de ne pas avoir le temps d'écrire. C'est tout cela le système.

Le projet des années soixante, c'est-à-dire un nous collectif qui aurait relié dans une utopie sociale commune des intérêts divergents, a donc échoué. Par suite de cette expérience, on repose dans les années quatre-vingt la question de la mission de la littérature. On ne veut plus d'une littérature d'information à caractère socio-révolutionnaire ou de la littérature dénonciatrice partisane, qu'elle soit alternative ou subculturelle.

Selon les récents débats de l'Association des écrivains et ceux des revues littéraires, la littérature veut et doit en tout premier lieu se libérer de tout lien social, afin de parvenir aux niveaux de conscience que dissimule une société de communication totalement rationalisée.

Les défenseurs d'une telle littérature sont rares puisque les distributeurs de littérature et les lecteurs des maisons d'édition se laissent absorber par le rythme rapide du marché du livre, qui produit pour produire. Les champs réservés à la liberté de pensée ont diminué; la critique littéraire est devenue plus sensible à ce que lui dicte le marché.

La littérature ne peut pas changer cela. Elle peut

seulement chercher à représenter, à circonscrire. Elle peut libérer la langue du cliché et la rendre accessible au sujet. L'écrivain Helmut Heissenbüttel qui, pendant 25 ans a travaillé le jour comme rédacteur à la radio et la nuit comme écrivain, considère la mission de la littérature de la façon suivante:

> «Aujourd'hui, la littérature doit être anarchique aussi [...], dans une certaine mesure elle doit irriter [...], tendre des pièges, creuser des trous pour y faire tomber le lecteur, pour l'obliger à s'en sortir et à réfléchir lui-même[17].»

Dans une société totalement rationalisée d'où l'individuel est banni, on attend de la littérature la défense de la subjectivité en même temps qu'une responsabilité envers le tout. La littérature doit récupérer tous les volets de son pouvoir: la fiction, l'imagination, la subversion.

Y a-t-il quelqu'un pour le vouloir, pour sauver ces valeurs-là, ne serait-ce que par peur, comme l'écrivit Karin Struck dans un appel au Syndicat:

> «À une époque où l'on veut dresser tout ce qui est sauvage, anarchique, naturel et spontané, les animaux rares [elle parle des écrivains] ont, même s'ils sont dépendants, la chance de représenter une valeur dont on ne saurait se passer, à condition pourtant qu'ils sauvegardent ce qui les distingue réellement et qu'ils ne luttent pas pour de l'argent[18].»

Karin Struck considère qu'il est important que les écrivains défendent leur influence au sein du Syndicat afin de maintenir cet élément anarchique dans la société même. Son collègue berlinois, Wolfgang A.G. Heyder, plus jeune, a une

---

17. H. L. Arnold (éd.), «Helmut Heissenbüttel im Gespräch mit H. L. Arnold», *Literaturbetrieb in der Bundesrepublik Deutschland*. Munich, 1981, p. 317.
18. Karin Struck, «Lieber Einzelgänger ohne Einigkeit», *die Tageszeitung*, 25.3.1986, p. 10.

vision de l'avenir bien moins optimiste. Au cours des «Rencontres - Confrontations» déjà mentionnées, il présenta une satire racontant les conséquences de l'installation à Berlin du premier PLOT-COMBINATOR IBM compatible du monde, capable de combiner des intrigues; programmé avec un nombre infini d'images et de sujets littéraires, il fournit, dès qu'on presse une touche, «toutes les variantes possibles et imaginables d'un sujet, y compris l'adaptation cinématographique»:

«Les premières victimes de cette découverte prometteuse seront les représentants de toute une catégorie professionnelle: les écrivains [...]. Heureusement, la plupart purent être recyclés grâce aux programmes de financement coûteux du gouvernement fédéral. La plupart furent placés comme animateurs de loisirs dans des régions méditerranéennes ou comme personnel auxiliaire chargé de bercer les enfants dans les crèches, mais quelques-uns furent également utilisés comme espions par le Sénat — comme, par exemple, de Gogh, ce toxicomane corruptible et menteur, proie facile au chantage, qui refila au Sénat des informations concernant le monde littéraire. Le Sénat lui offrit toutefois quelque chose en contrepartie. Malgré un manque de talent évident, on lui réserva des lectures subventionnées et des bourses à même les fonds destinés à la culture[19].»

---

19. Wolfgang A.G. Heyder, «Die Stimme des Propheten, Über Salomo Friedländer, Mynona», *Begegnungen - Konfrontationen,* cf. note 11, p. 49.

Conclusion

Quel était donc l'appel désespéré d'Else Lasker-Schüler, il y a 60 ans?

> «Formons un syndicat comme les ouvriers, faisons de notre art l'affaire de l'État. Notre temple bleu n'appartient pas à un homme d'argent, il appartient à l'humanité.»

Else Lasker-Schüler ne pouvait ou ne voulait pas savoir à quel point État et syndicats font eux-mêmes partie du pouvoir et de l'engrenage de l'usine littéraire. Il incombe donc à l'écrivain, aujourd'hui comme autrefois, d'être le grain de sable dans cet engrenage, ce qui suppose son autonomie, sa liberté d'esprit, bien sûr, mais aussi le courage de tenir tête aux pressions extérieures.

Berlin – Codes déchiffrés

FRIEDHELM LACH

Berlin — Convention littéraire et documentation

Convention littéraire et documentation sont des termes qui se réfèrent à deux hypothèses émises sur la littérature. La première établit que tout univers littéraire est issu du dialogue avec la tradition littéraire; la seconde explique la production de textes et l'accueil qu'on leur fait à partir d'une confrontation avec la réalité. Ces deux hypothèses sont anciennes; par le passé, elles ont été surtout traitées selon des points de vue relevant de la poétique ou de l'histoire des thèmes. J'aimerais montrer qu'elles ouvrent, aujourd'hui encore, de nouvelles perspectives dans le domaine des études littéraires et dans celui plus particulier de la littérature berlinoise.

Il n'est naturellement pas question d'analyser ici des textes d'après l'une ou l'autre de ces hypothèses ni d'étudier par exemple diverses conventions littéraires dans les descriptions de Berlin. Il me semble plus pertinent d'examiner des textes littéraires portant sur Berlin en utilisant ces deux hypothèses comme sondes ou catalyseurs pour voir si notre vue d'ensemble y gagne.

Convention littéraire

Aucun écrivain, aucun poète ne ferait profession de vouloir donner dans ses textes une image exacte de Berlin. Cela lui semblerait sûrement peu sérieux, voire banal, car il sait très bien à quel point l'univers qu'il crée par l'écriture est toujours particulier au texte, au roman. C'est un univers soumis uniquement aux conditions et exigences de l'écriture, un univers dont la nature résulte davantage du dialogue avec les traditions littéraires que de la reproduction de la réalité berlinoise. D'autre part, écrire à Berlin implique une situation culturelle dont on ne peut faire l'expérience que sur place; l'écrivain berlinois voit la réalité principalement dans l'image que la ville donne d'elle-même; il met ses impulsions et ses besoins à l'épreuve du déferlement des informations berlinoises, de sorte que son inspiration est nourrie de ce qui transpire de Berlin. On pourrait aller jusqu'à dire que ses produits sont des produits berlinois même lorsque Berlin n'y semble pas présent. Même lorsqu'il est en opposition au Berlin officiel, l'écrivain brosse un tableau plus vaste de la ville que ne le ferait une chronique berlinoise. Par conséquent, celui qui produit de la prose littéraire obéit forcément aux conventions. Le lecteur, pour sa part, transforme continuellement cette prose en documentation sur Berlin. De Kleist à Morshäuser, on retrouve cette relation entre convention littéraire et évocation de la réalité, sans qu'il s'agisse pour autant d'écriture conventionnelle ou de documentation.

Lorsque je rencontrai pour la première fois le concept de convention littéraire dans une publication de Peter Demetz sur Fontane, je fus fasciné. Avec ce concept, issu de *L'histoire des formes* (*Formgeschichte*) de Böckmann et axé sur l'univers et les structures du texte, on m'offrait de puissants instruments pour la classification des courants littéraires de l'histoire mondiale.

Aujourd'hui, je sais que le concept de convention littéraire appartient à l'appareil conceptuel des années soixante; avant le structuralisme, on était en effet préoccupé à cataloguer les données d'une poétique pour répondre aux exigences scientifiques de la discipline. C'est à partir des conventions littéraires du réalisme que Peter Demetz nous expliquait la description que Fontane avait faite de Berlin. J'étais fasciné à l'époque par cet ensemble de structures narratives, spatiales et temporelles distinctes et par les classifications précises à l'intérieur de l'histoire de la littérature. De nos jours, alors que les études littéraires sont remises en question et confrontées à d'autres exigences, ces conventions littéraires sont considérées comme des modèles de questionnement stéréotypés et ont été mises de côté depuis longtemps. Dans les discours d'analyse, on s'intéresse aujourd'hui aux conventions qui sont à la base du geste littéraire lui-même; les structures ont fait place aux stratégies de la narration, les objets littéraires fermés aux processus langagiers ouverts. Aux conventions, on préfère les inventions. Si, aujourd'hui, nous voulions intégrer les conventions littéraires issues de l'analyse des œuvres aux théories de la production et de la réception, nous devrions nous mettre en quête non pas de topiques, de structures topologiques et de modèles répétitifs, mais, dans le contexte d'une époque donnée, des modèles de perception, et nous interroger sur les rapports entre les stratégies de la créativité et celles de la documentation. Car les structures littéraires conventionnelles sont intéressantes dans la mesure où l'on élabore des stratégies permettant d'en disposer librement. Plus l'écrivain dispose librement de toutes les parties constituantes de son univers, plus son écriture lui deviendra nécessaire, plus il réussira à transformer en message ce qui a pu être sa souffrance ou son bonheur.

Il est certain que Fontane se sert du salon, espace social officiel situé au centre de la ville, comme fondement de la narration et, aujourd'hui encore, on est surpris de voir qu'il utilise si peu de décors appartenant au milieu berlinois pour construire le cadre de son espace narratif. Mais ce qui est intéressant aujourd'hui, c'est le pourquoi. Comment peut-on expliquer — d'un point de vue topographique — que le tableau qu'il trace de Berlin soit caractérisé par le vide? Pourquoi n'y a-t-il — outre le salon, le pavillon, la salle de séjour et la salle à dîner — que des silhouettes et le brouillard qui accompagne les levers et les couchers de soleil?

Lorsqu'on connaît les frustrations du secrétaire de mairie Fontane, on comprend que cet écrivain sensible ait été touché personnellement par les inconvénients d'une administration rétrograde; on comprend à quel point l'agressivité des supérieurs a pu bouleverser leur subordonné. Est-il étonnant qu'il présente ensuite un miroir fidèle aux Berlinois et un autre déformant, qu'il élimine tout ce qui s'écarte du message qu'il veut donner aux Berlinois? Comment peut-il les tirer de leur étroitesse, de leurs préjugés hérités d'une époque révolue, pour les mener vers l'avenir? S'il s'empare des conventions littéraires caractéristiques de la narration réaliste, c'est parce qu'il a besoin de l'aspect purement artisanal du geste narratif pour décrire le processus complexe lors duquel, au tournant d'une époque, un ordre figé éclate pour se restructurer.

Les convention servent l'économie du récit. À vrai dire, les déplacements de la haute société d'un salon à l'autre — à travers une ville qui reste invisible —, déplacements dont Demetz fait mention, ne sont même pas racontés. Au contraire, l'auteur ne relève que les indices qui permettent de classer comme régressif ou progressif le moindre petit fait dans un réseau de rapports sociaux, indices qui seront autant de commentaires socio-politiques de la réalité historique. Plus le message est engagé, plus le modèle sur lequel on peut projeter les événements historiques significatifs est précis et abstrait. Dans cette perspective, ce n'est plus la topographie qui compte dans les descriptions que Fontane fait des salons mais l'univers type de la communication, de ses perturbations et de ses réorientations.

Ce que nous avons vu chez Fontane se retouve, à quelques détails près, chez d'autres écrivains berlinois touchés eux aussi par des choses différentes, habitant d'autres univers narratifs et, surtout, disposant différemment des traditions narratives. Toute personne qui écrit sait que, lorsqu'on écrit, on s'identifie aux attitudes, aux champs de perception et aux besoins des personnages, qu'on participe à leur respiration, à leur pression artérielle, à leur digestion. Il semblerait que cela n'ait rien à voir avec les réflexions poétiques. Ce n'est toutefois pas le cas, puisque tout auteur est bien obligé de prendre une attitude d'écrivain qui lui est plus ou moins dictée par la tradition, puisque ses personnages forment des constellations qui, toutes, ont déjà été traitées dans la littérature, et puisque les façons traditionnelles d'organiser un thème sont déjà en nombre infini.

Ainsi, nous trouvons dans tous les romans berlinois des jeunes gens qui aiment des jeunes femmes et inversement, des êtres humains qui ne sont pas libres et cherchent la liberté, qui sont malades et craignent la mort, qui réalisent ou non une utopie, qui veulent ou ne veulent pas transmettre la tradition. Pour chacun de ces thèmes, la littérature mondiale offre d'innombrables développements et sources d'inspiration. Il y a aussi le thème de la vie urbaine, avec ses déterminants topographiques, socio-politiques, esthétiques, philosophiques et psychologiques. Avant la révolution industrielle, église, cathédrale, hôtel de ville et marché étaient bien souvent au centre du récit, les ruelles et les remparts de la ville n'y apparaissant que rarement. Les prisons étaient réservées aux auteurs satiriques.

L'anecdote de Kleist intitulée *Der Branntweinsäufer* en offre un exemple. L'image traditionnelle de la ville y est comparée aux sons des cloches de la cathédrale, de l'hôtel de ville et des tours du marché. L'ivrogne est en mesure de résister à la voix grave des cloches de l'église ainsi qu'à celle plus aiguë de l'autorité politique; il ne peut cependant résister aux sonneries des cloches de la place du marché. Kleist réussit à montrer ainsi les différentes relations de dépendance que subit l'individu face à l'Église, à l'État et au peuple.

Dans *Des Lebens Überfluss* (*La vie débordante*), Tieck utilise la traditionnelle idylle de la mansarde de l'artiste pour faire la satire de l'époque Biedermeier. À l'aide de ce modèle, il montre aux braves bourgeois qui craignent la censure et les dénonciations, et qui cherchent des compensations dans la liberté que leur offre l'univers de l'imagination qu'ils se coupent ainsi de la réalité et mènent une vie dénuée de sens.

Après la révolution industrielle, ce sont les quartiers misérables avec leurs mansardes délabrées, les immeubles avec leurs cours arrière, les usines avec leurs ateliers et leurs cheminées fumantes, qui deviennent le matériau urbain du récit.

Au XXe siècle, la multiplicité et la dynamique de la grande ville, ses bas-fonds et sa subculture, son caractère mercantile, sa complexité et l'hétérogénéité de ses vestiges historiques deviennent les principaux centres d'intérêt.

Chacune de ces images urbaines, chacun de ces thèmes urbains représente le début d'un style, d'un rythme narratif, d'un modèle attendu. Le problème consiste à choisir les éléments susceptibles d'être intégrés à l'univers narratif de sorte qu'ils forment un univers congruent. Les mots viennent ensuite d'eux-mêmes.

On ne peut donc jamais mesurer la réalité de Berlin à la description qui en est faite; celle-ci ne sera qu'un modèle, un ensemble de rapports à caractère narratif et interne dont la qualité repose sur sa clarté et son abstraction. Car seul un modèle clair, dans lequel tous les rapports des éléments entre eux paraissent nécessaires, permet la projection sur d'innombrables réalités différentes et invite le lecteur à trouver constamment de nouvelles interprétations.

L'écrivain est tout à fait conscient que son univers limité peut donner une image biaisée de Berlin, ce qui n'est d'ailleurs nullement un inconvénient. Il peut même créer un univers irréel dans lequel les enfants sautent par-dessus le mur de Berlin, dans lequel cette ville n'est plus habitée que par des étrangers, des personnages de contes habitant dans les caves, etc. Mais ces univers possibles et fantastiques doivent être construits eux aussi selon certaines règles. Morshäuser se souvient de cela: il nous donne un *input* lorsqu'il explique les règles de son univers narratif, et un *output* lorsqu'il laisse libre cours à son imagination.

Examinons maintenant les stratégies qui sont à la base de ces constructions du récit. Pour les romantiques et les écrivains Biedermeier, il semble qu'il se soit agi d'accumuler les topiques littéraires qui appartiennent à la ville: marché, mansarde (du poète), église et édifices publics. En fait, ce qui était important pour eux, c'était de faire ressortir toutes les qualités des images conventionnelles connues.

Nous avons déjà fait allusion à la façon dont Kleist

utilise l'image urbaine comme point de départ d'une profonde critique sociale. La stratégie narrative de E.T.A. Hoffmann part quant à elle de la transformation d'univers urbains réels en univers irréels. Lorsqu'il décrit les labyrinthes urbains qui s'ouvrent derrière les riches et élégantes façades, E.T.A. Hoffmann a une stratégie double: d'une part, il fait allusion à une particularité de l'architecture urbaine de l'époque qui consistait à placer des façades purement décoratives devant de vieilles maisons emboîtées les unes dans les autres dont on ne modifiait pourtant rien; d'autre part, il montre un univers teinté de romantisme dans lequel ce qui est familier devient magnifique et mystérieux. Comme nous l'avons vu, Tieck a utilisé lui aussi des conventions littéraires afin d'analyser son époque.

Vers 1840, les habitudes littéraires se modifient. Il s'agit alors de montrer comment la nouvelle génération s'est éloignée des contraintes culturelles du XVIIIe siècle, comment elle vit les problèmes sociaux de la grande ville, quelle est sa position par rapport aux exigences croissantes des ouvriers et des citoyens qui veulent prendre part aux décisions et à quel point elle est choquée par la misère qu'on trouve dans les mansardes et dans les rues.

Les stratégies narratives s'orientent sur ce qui a caractère d'événement, sur la documentation des faits historiques: dans la *Grunholzer Dokumentation* sur le quartier Vogtland, c'est le choc provoqué par ce quartier pauvre; dans les romans de Streckfuss, c'est l'agitation suscitée par les incidents de la révolution; dans la littérature de la rue, c'est le fait d'assister aux événements et de prendre part à la lutte. Une génération plus tard, Fontane aussi invite ses concitoyens à se prendre en charge. Il élabore un univers narratif rigoureusement réglé dans lequel — tout comme dans un laboratoire — les citoyens sont comme disséqués afin de pouvoir découvrir les causes et les effets de leur maladie.

Par la suite, si le problème social garde de son acuité, le naturalisme introduit cependant l'émotion. À cette époque, le fait de raconter sert à fonder les revendications sociales. Les univers narratifs sont des scènes de misère sociale. Je ne mentionnerai que quelques-unes des stratégies narratives de l'époque; celle de l'artiste de la période Jugendstil qui sait être à l'écoute de tout ce qui est nouveau dans la ville, celle encore des écrivains expressionnistes, ces visionnaires qui dénoncent les effets néfastes du bon ordre, sans oublier les masses de matériaux chez Döblin qui se sert du récit pour tout diluer en événement et en processus.

Passons maintenant aux stratégies narratives de notre génération. Nous nous contenterons de donner trois exemples. Dans *Deux points de vue* (*Zwei Ansichten*), Uwe Johnson construit un labyrinthe moderne intelligemment organisé. Pour lui, Berlin tient du labyrinthe, ne serait-ce que par le mur qui l'emprisonne; dans les façades il voit des objets trompeurs, dans les points de contrôle des barrages qui orientent et déroutent. Le labyrinte est partout; il est raconté à plusieurs niveaux, dans des espaces extérieurs et intérieurs.

Dans *Berlin Simulation* (*Die Berliner Simulation*), Morshäuser parle de l'autre Berlin; il propose un kaléidoscope d'événements mis en parallèle et confondus avec des mécanismes de comportement où planification, souvenir, comparaison, association, réflexion et projection partent de modèles qui ont tous les mêmes droits. La réalité est perçue comme une expérience offrant des choix multiples, la vie comme un événement dans une réalité en perpétuelle transformation, l'écriture sérielle comme une invitation à une lecture créative, à la production d'une scène alternative, ceci donnant lieu à deux moments: l'un *input* stimulant, et l'autre *output* narratif.

Dans *Le sauteur de mur* (*Der Mauerspringer*), Peter Schneider construit pour son univers narratif un lieu reflétant les contraintes des systèmes politiques, les mécanismes réglant la conversation, les rituels de l'information et les modèles de comportement. Qui n'est pas sauteur de mur? Il décrit ainsi la vie urbaine comme un défi lancé aux clichés, aux préjugés, aux idées programmées du Berlin divisé en deux. C'est un univers narratif qui rend plausible cet événement fantastique qu'est le saut par-dessus le mur.

De telles énumérations donnent davantage d'indications sur le caractère propre du geste littéraire que sur le caractère conventionnel des univers narratifs. Si l'on voulait découvrir ce qui rattache aux conventions la description que Johnson fait du labyrinthe, il faudrait probablement citer toute l'histoire des descriptions du labyrinthe de l'Antiquité jusqu'à nos jours. Loin de moi une telle prétention.

Pour le courant postmoderne, le travail à partir des conventions retrouve son actualité. Lorsqu'on développe un sens pour le caractère de cliché de toutes les expressions, lorsqu'on ne communique plus qu'en disposant de façon créative — comme en un jeu — des modes d'expression écrite et orale traditionnels, la convention littéraire devient elle aussi consciente et disponible. Morshäuser écrit, dans *Berlin Simulation*:

> «Je vois un modèle de communiqué télévisé sur le modèle d'une manifestation. Ce qui existe réellement glisse comme d'habitude dans les coulisses et disparaît, et on dira à propos de l'essentiel ce qui a déjà été dit à une autre occasion. Voilà comment ça marche jour après jour. Ce ne sont pas les événements mais les modèles qui sont répétés. Ils dominent depuis longtemps ce qui se passe. Les émotions sont programmées sur deux possibilités chaque fois. Nous devons rester dans ces modèles, comme dans une roue de *hamster*, car il ne reste rien de réel en eux, seulement la simulation.»

Lorsque la réalité ne répond plus qu'a des variables multiples, tout est contamination et refonte, c'est au lecteur de trouver un sens au jeu artistique des conventions. Le lecteur ne doit cependant pas se contenter de découvrir d'ingénieuses corrélations avec la tradition; sa tâche consiste davantage à trouver un rapport avec le présent, à interpréter tout jeu avec les conventions comme un document sur les événements actuels.

Documentation

Autrefois, on envisageait le reflet littéraire de la réalité dans le cadre de l'histoire des thèmes et des matières. Ce que les chroniques, les manuels, les lexiques et les études rapportaient de Berlin pouvait servir de fond à la littérature. Souvent, le point de vue était historique: À quel point les transformations de la ville-résidence en capitale, en grande ville, en métropole et finalement en mégapole avaient-elles été conscientes? À quelles strates historiques faisait-on référence pour justifier ou expliquer les évolutions du présent?

On a rarement essayé d'approfondir cette relation entre fiction et réalité berlinoise. Au-delà de la documentation consciente des événements berlinois à une époque donnée et dans un espace spécifique, il y a, semble-t-il, trois autres façons de décrire Berlin dans les romans.

Ces trois façons témoignent de différentes manières d'utiliser la documentation sur Berlin, Berlin devenant, selon le cas, un fond imaginaire servant de base au récit, un tableau ou une construction historique:

1. Berlin apparaît dans les textes comme un prétexte, une construction fantastique qui laisse parler l'imagination. Il n'est pas question de Berlin tel qu'il est ici et maintenant, le passé n'est pas développé, la ville de Berlin signifie «l'ailleurs».

2. Berlin est un lieu identifiable, réel, une ville habitée par des personnalités connues et des lieux dont nous parle la tradition, une ville où se passent des événements dont il est question dans les livres d'histoire. Tout ce qui ne contredit pas ces faits historiques est permis. Ceci donne lieu à des tableaux conformes à la réalité et peuplés de personnages imaginaires.

3. Dans le cas des images historiques de Berlin, il ne s'agit pas d'édifices et de personnalités historiques, mais d'une peinture de Berlin qui se veut conséquente et conforme. Les agissements et paroles des

personnages servent à une meilleure compréhension de la situation à Berlin. Événements et personnages sont fictifs, mais ils nous en disent plus long sur le Berlin d'une époque donnée que ce que nous pouvons trouver dans les livres d'histoire, parce qu'ils laissent au lecteur la liberté de construire lui-même l'image de Berlin. Tout ce que les personnages disent pourrait être dit à une époque donnée à Berlin, et cela même lorsqu'il s'agit de projections dans l'avenir. Le choix délibéré de divers éléments berlinois et l'agencement arbitraire de l'œuvre déterminent ces images de Berlin.

Nous pourrions nous livrer à un jeu de classement. Nous constaterions alors que Fontane, Döblin, Johnson et Schneider appartiennent à la troisième de ces catégories; que E.T.A. Hoffmann, Tieck, Arno Holz et Benn appartiennent par contre à la première. Kretzer, Lindau et Morshäuser, à la deuxième. Il est important de souligner que tous ces auteurs disposaient d'un matériel dont ils ont pu selon le cas user ou faire abstraction.

De nos jours, il nous est impossible de croire sérieusement qu'une publication, quelle qu'elle soit, puisse jouer le rôle de documentation sur Berlin. L'œuvre est un document sur l'attitude de l'auteur face à Berlin, sur ses façons de percevoir, sur ses réactions intuitives face à la ville mais non sur la ville elle-même, qui possède sa propre éloquence et ses propres mécanismes de dissimulation. Le problème de l'œuvre-document dont le sujet est Berlin débouche donc sur les difficultés et les besoins de l'écrivain.

Après les années de l'égo, les questions sociales passent de nouveau au premier plan. La ville, lieu prédestiné de la collectivité, peut être racontée sous des formes toujours nouvelles et apparaître non plus comme le lieu du rejet, le labyrinthe où l'on s'égare, l'espace où l'homme est isolé, mais comme le lieu où l'on est à plusieurs, le lieu de la vie commune, le lieu où l'on est à la disposition les uns des autres, le lieu de la détente. Dans *Berlin Simulation* de Morshäuser, Berlin, expérience commune, n'est pas le fait de l'intellect, mais plutôt celui d'une participation au niveau même de l'existence. Berlin n'est pas une ville, mais bien un événement.

Parler de Berlin répond donc au besoin de donner un témoignage d'engagement, de le documenter non pour l'expliquer mais pour le faire vivre aux initiés.

Permettez-moi de rapporter ici un incident dont j'ai été témoin, et qui illustre la coexistence du vécu et de l'aspiration à la documentation. En été 1987, j'étais à Berlin près de la Gedächtniskirche lorsque je me vis tout à coup entouré de voitures de police, d'ambulances, d'hommes casqués, de fusils déjà épaulés, d'écriteaux, d'uniformes qui se pressaient tout près de moi, des commandos affairés. Frappé de stupéfaction, je continuai ma route vers le cabaret *Die Stachelschweine* (Les Porcs-Épics). Ce chemin était encore ouvert à la circulation alors que, partout ailleurs aux alentours, les rues étaient fermées. Je m'assis dans le cabaret, j'étais en retard. Les porcs-épics se hérissaient contre les tares berlinoises: ils péroraient contre la xénophobie, la corruption des magistrats, l'étroitesse d'esprit, les choses habituelles, en somme! Puis, tout à coup, l'obscurité. Le haut-parleur nasilla: «Une manifestation est en cours. La police nous demande d'évacuer les lieux, nous vous prions donc de quitter la salle.» Chair de poule, des frissons glacés nous courent dans le dos. La police, assénant des coups à droite et à gauche, fait déjà son apparition sur la scène; le spectacle continue.

Peu après, dans la revue *Scala*, je lis à propos de Berlin, la métropole:

> «Une ville qui a son atmosphère propre et son chic; une ville qui maintenant comme auparavant est au cœur de l'histoire de l'Allemagne; une ville où abondent les contrastes violents, mais en même temps une métropole profondément humaine renfermant une foule de choses que l'on ne voit qu'après coup. Voilà ce qu'est Berlin.»

Cette description ne me laisse pas indifférent. Aurais-je, moi, l'étranger, le non-Berlinois, une autre perception? D'où me vient-elle? Peut-être de la littérature? Peut-être parce que j'ai lu que le Berlin d'aujourd'hui pouvait servir de modèle à une étude des formes de vie future auxquelles sont destinées les métropoles? Devais-je donc interpréter les dissonances que, stupéfait, je percevais dans cette ville comme des notes discordantes que l'on retrouverait dans les villes du futur?

Si je ressens le désir de documenter cet événement, c'est probablement parce qu'il m'a touché; et si je ressens le désir de le communiquer, c'est peut-être pour mettre en garde la génération montante contre ces notes discordantes.

Or, toutes les grandes œuvres sur Berlin par lesquelles je me suis senti concerné, témoignent d'une émotion profonde face à une situation réelle et d'un engagement envers la société. Il me semble que je ne commence à comprendre une œuvre que lorsque j'ai cerné l'émotion que ressent l'écrivain quand il perçoit une note discordante de son époque. C'est cette émotion profonde qui rend la documentation nécessaire.

Ceci vaut également pour le passé: le besoin de documenter la réalité prend généralement naissance lors d'un tournant de l'histoire, d'une crise, d'un déclin, d'une révolution.

Lorsque les émotions montent, que l'engagement rencontre un obstacle et que les passions s'enflamment, lorsque se manifeste le chaos subjectif, alors naît le désir de documentation. Lorsque Bettina, l'écrivaine engagée, se heurte à la censure, elle publie en 1843 la *Grunholzer-Dokumentation*, qui traite de la pauvreté du quartier de Vogtland. Pour Döblin, la ville de Berlin se morcelle, s'éparpille en parcelles dynamiques; dans *Berlin Alexanderplatz*, il fait un montage où il utilise des statistiques qui ont trait aux abattoirs, des énumérations d'arrêts de tramway et des détails topographiques, c'est-à-dire du matériel documentaire sur Berlin. Chez E.T.A. Hoffmann, le coloris local de Berlin sert de contrepoids à un monde infernal à la fois esthétique et instable. On pourrait dire que, d'une part, il est possible d'évaluer le degré d'engagement de l'auteur à la quantité de la documentation et que, d'autre part, nous percevons dans le texte littéraire ce qui est documentation de l'époque lorsque nous découvrons ce par quoi l'auteur a été touché. Ceci est vrai pour tous les textes sur Berlin, notamment à notre époque si consciente du fait que tout discours est dépendant de la tradition.

Ainsi, nous serons sensibles:

a) à un événement réel: construction du mur, discours de Kennedy, fermeture de Kreuzberg;

b) aux réactions suscitées par les événements: silence, indifférence;

c) à la manière dont les médias livrent les interprétations: simulation.

Il est clair que toutes les images de Berlin sont des constructions. De nos jours, alors que l'on considère que la réalité ne saurait donner lieu qu'à des expériences multiples de la réalité, les constructions et les réalités changeantes ont droit de coexister. Nous allons même jusqu'à croire que n'est narrable que ce qui existe sous forme de construction et de monde préinterprété.

Qu'en est-il de la notion de documentation lorsque ce qui est documenté se désagrège en des mondes multiples? Autrefois, on aurait pu dire que, de Berlin, on ne pouvait retenir que ce qui pouvait être documenté, ce qui pour l'historien et le scientifique aurait signifié recueillir de la documentation, faire de la transcription cartographique, établir des statistiques, écrire des organigrammes de travail, localiser, situer et exemplifier, le particulier et le discursif, le phénomène et la notion pouvant aussi être documentés. Mais même ce document idéal ne tiendrait pas compte de l'histoire de l'utopie, de l'intention. C'est ici que la fonction de l'écrivain diffère de celle du scientifique. Le recours au matériel documentaire l'oblige à travailler avec des modèles et des systèmes qui donnent un sens à la production.

L'esquisse de Berlin parue en 1788 (le lieu de parution, Amsterdam, est fictif) est en ce sens un document d'époque fascinant dans lequel la capitale de la Prusse, la nouvelle grande puissance européenne, se voit offrir une image d'elle-même. Dès lors qu'il faut évaluer Berlin d'après les critères des grandes métropoles célèbres, le bilan devient un motif principal. Aux fastes extérieurs, on oppose le dénuement et la misère, à l'aimable et franc Berlinois, l'abject usurier et les pauvres. Ainsi, à l'image de splendeur qu'offrent les façades, cette critique sociale précise compare Berlin à l'image idéale des grandes métropoles européennes.

Plus tard, à l'époque romantique, un modèle fait de couches successives allait servir de base au traitement de la documentation de Berlin. Ce modèle apportait des informations sur les mondes intérieurs et extérieurs, diverses couches pouvant être isolées les unes des autres. Pour E.T.A. Hoffmann, raconter Berlin signifiait par conséquent passer à travers la couche extérieure des façades pour atteindre l'intérieur, le cœur où se trouvent les espaces mythiques et fantastiques. Par contre, à l'époque du réalisme politique, nous avons affaire à un modèle qui tient de l'image spéculaire. Fontane, par exemple, fait contraster avec un idéal social d'élégance et de bienséance des situations propres à Berlin.

À l'époque du naturalisme, l'écrivain, face aux impressionnistes qui diluent la réalité en impressions et en stimulations, réclame la documentation et en fait son programme. La théorie du style immédiat que prône Arno Holz en est une expression visible. Il est intéressant de noter que ce genre de documentation exclut l'information. Elle est plutôt un relevé minutieux des événements faisant appel aux sens et est envisagée comme un processus sériel où la respiration et le pouls de l'observateur jouent un rôle décisif.

De là à une écriture automatique portant sur la grande ville, telle que nous la trouvons chez Döblin, il n'y a qu'un pas. Les processus intérieurs dictent le procédé d'écriture. Extérieurement, on croit apercevoir un montage de Berlin fait à partir de matériel documentaire portant sur la ville telle qu'elle était en 1928, mais, en y regardant de plus près, on se rend compte qu'on a affaire à un film décrivant des processus intérieurs où les lambeaux de la réalité expriment des processus psychologiques, des attitudes émotives et la recherche d'un sens.

Produire un document sous le signe de la simulation est encore plus problématique. Le tableau que Morshäuser brosse de Berlin apparaît, d'une part, comme un tourbillon d'allusions, de parodies, de jeux verbaux, de désautomatisation et, d'autre part, il travaille à l'élaboration du mythe de la simulation, ce phénomène authentique de la vie alternative postmoderne à Berlin.

Lorsque Kleist, E.T.A. Hoffmann, Fontane et les autres décrivaient Berlin, un topographe connaissant bien la vie à Berlin aurait pu repérer les lieux. Il en résultait alors des bribes de lieux décrits qui, bien que dispersés sur le plan de la ville, laissaient pressentir un système, une compréhension du tout. Pour le lecteur, cette étude topographique était claire. Ces bribes, toutefois, — et c'est ce qui en faisait l'attrait — le plongeaient dans une nouvelle réalité qu'il s'était forgée à partir de la symbiose de Berlin et du monde romanesque, qui devenaient partie d'une nouvelle expérience de la totalité.

De nos jours, il n'est plus question de faire coïncider la réalité berlinoise avec un monde type, ou de refléter à la manière d'un miroir le vécu berlinois, ou de décrire la substance berlinoise. Chez Johnson, Schneider, Morshäuser et d'autres, il s'agit plutôt de présenter des modèles qui reposent sur des clichés. On y dispose d'un monde type sans devoir le projeter directement sur la réalité. Certes, les bribes de réalité servent encore à documenter des événements berlinois contemporains, telles les remarques de Morshäuser sur la scène alternative. Mais l'acte d'écrire se fonde sur la sécurité des modèles et non sur l'impact de la réalité. Ainsi, une réalité multiple se développe. Le lecteur ne peut saisir la réalité que sous forme de bribes apparaissant dans des mondes types. Un modèle ne renferme plus toute la réalité; tout est vécu comme processus, peut-être aussi comme un déroulement sériel. C'est pourquoi disposer de modèles et les projeter sur la réalité sont des gestes purement ponctuels qui ne peuvent donner naissance à des systèmes.

Les textes de simulation comptent sur un lecteur initié ou sensibilisé, car ils ne veulent point livrer une documentation superficielle, mais mettre le doigt sur de brûlantes questions d'actualité. C'est donc au lecteur de comprendre et cela ne sera possible que s'il est sensibilisé à l'émotion qui s'exprime dans le texte.

Le lecteur idéal et l'initié sont tous deux en mesure d'interpréter les signes, de reconnaître les informations cachées, les commentaires satiriques ou ironiques. Pour montrer cela, je ne pourrais choisir de meilleur exemple que *Des Lebens Überfluss* de Tieck, un texte des plus étranges. Le lecteur non initié ne verra là qu'une histoire bizarre et fantastique. Ce n'est qu'en apprenant la date de parution qu'il pourra, en découvrant ce qui a touché l'auteur, élaborer ensuite une image fascinante de Berlin! La nouvelle a paru en 1839. C'est l'année qui voit naître également le deuxième roman épistolaire de Bettina: *Das Günderode Buch* (*Le Livre de Günderode*). À cette époque pétrifiée, ces deux textes font figure d'écrits carnavalesques. Bettina a fait de sa résidence, située au centre de la capitale prussienne, au n° 21 de la rue Unter den Linden, le lieu de rendez-vous des esprits indépendants. Elle ne s'occupe ni de la censure du courrier ni des espions; elle est par contre très préoccupée par la misère dans le quartier pauvre de Vogtland, devant la porte de Hambourg, et par les malades atteints du choléra, dans les quartiers insalubres de Berlin. En 1843, elle publie le rapport de Grunholzer, un étudiant suisse qui a compilé des statistiques et de la documentation sur le quartier Vogtland. Elle publie ce rapport dans un volume dédié au roi et intitulé: *Ce livre appartient au roi*, ceci afin d'échapper à l'interdiction.

L'année 1839 se situe au creux de la vague des révolutions, qui ont eu lieu en 1830 et en 1848; c'est l'époque où l'appareil de sécurité de l'État châtie toute velléité de liberté dans la société et réprime toute discussion politique. Les questions sociales étaient elles aussi taboues, les propos des écrivains, même censurés, gagnent en acuité et deviennent dangereux pour les oppresseurs. Tieck lui aussi est très touché par le fait que les esprits libres qui affichent leurs idées soient emprisonnés. En décembre 1836, la Cour suprême de Berlin a condamné à mort 41 étudiants de Greifswald, puis a commué la sentence en une peine de 30 ans de détention, parce qu'ils étaient membres d'associations d'étudiants. La fête des associations étudiantes qui avait eu lieu à Hamback, en 1821, avait conduit à une nouvelle Loi contre la démagogie pour le maintien de la paix publique et de l'ordre légal.

Les écrits de la «Jeune Allemagne» furent interdits partout en Allemagne, *Der Hessische Landbote* (*Le Messager de Hesse*) confisqué en 1834, les trois quotidiens berlinois censurés. En réalité, on ne pouvait pas exprimer publiquement ses idées sur la politique. Dans cette atmosphère, le lecteur s'aperçoit que Tieck, en 1839, utilise la convention littéraire — dans le cas présent l'idylle de la mansarde du poète — pour parodier le rôle public des Biedermeier.

De 1839 à 1849, apparaît un large éventail de propos littéraires dans ce cadre où s'opposent convention littéraire et documentation des problèmes de l'époque. De Tieck et Bettina von Arnim jusqu'à Streckfuss en passant par la littérature de la rue, tous veulent sensibiliser au contexte de l'époque et livrent des documents d'époque dans lesquels perce l'ironie.

Imaginez un instant que dans votre cabinet de figurines de cire vous réserviez une place à Berlin. Qu'y mettriez-vous? La porte de Brandebourg? La Gedächtniskirche? Le mur ou un café turc? Ou peut-être le n° 13 de la Blücherstrasse?

Je choisis la Blücherstrasse. C'est le peintre, dessinateur et écrivain Kurt Mühlenhaupt qui, en 1970, a choisi le n° 13 de la Blücherstrasse pour son exposition sur Berlin, non pas pour un cabinet de figurines de cire, mais pour illustrer ses histoires d'arrière-cours berlinoises, ses tableaux qui font appel à l'ouïe, à l'odorat et au toucher. Cette documentation sur Berlin, sûrement la plus belle et la plus vivante que je connaisse, me fait prendre conscience, plus que toute autre, que la véritable documentation repose sur l'allusion et sur ce qui n'est pas dit. C'est par le quartier Kreuzberg qu'il commence son recueil d'observations, de récits, de notes et d'annonces:

> «Dans notre maison, les gens ne sont pas des millionnaires. Ils sont riches parce qu'ils ont un chez-soi. Un chez-soi où on est bien, aussi bien que possible... Une maison, ça déteint. On en vient à ressembler à sa maison. La maison, ça fait son homme, la maison et ses habitants. Les habitants font partie de la maison parce que la maison vit elle aussi.»

La réalité berlinoise du 13 Blücherstrasse existe seulement dans cette maison qui se transforme constamment et où il se passe beaucoup de choses. C'est un univers caché, mais actif et puissant, rempli de signes et d'exigences appartenant à un passé révolu. Nous trouvons dans ce modèle social tous les traits de la vie collective à la ville, un mélange où coexistent la sentimentalité urbaine et la vitalité de la forêt vierge. Ce portrait de la vieille femme qui, après avoir été un prodige d'éloquence et avoir dominé les conversations de la maison, ne répond plus que par un signe de tête à tout ce qu'on lui raconte, en dit plus à l'éloquent poète sur la vérité de la maison et sur celle de la vie berlinoise que les paroles qu'elle peut encore prononcer.

De nos jours, les écrivains berlinois sont comparables à cette vieille. Ils sont tous placés devant le dilemme que leur impose la trop grande éloquence de la ville et dont on nous dit en termes pompeux:

> Berlin, 750 ans
> d'abord résidence royale,
> ensuite capitale du Reich allemand.
> Depuis la Seconde Guerre mondiale,
> partagée en deux comme le reste du pays.
> Ville cosmopolite.
> Aujourd'hui le plus grand centre industriel
> d'Allemagne.

Mais c'est avec raison que les écrivains fuient cette emphase, parce qu'elle cache le véritable Berlin. Je préfère Morshäuser quand il documente la vie de Berlin de façon ironique et engagée:

> «Je crois que nous travaillons tous pour le film —
> À midi, à nous voir, on sait qu'on touche des subventions... chacun dépense plus qu'il n'a.»

KARIN RESCHKE

1794 — La magie d'une date. Henriette Vogel, Sophie von Kühn, un conseiller à la guerre et Sophie Haza

Le journal fictif d'Henriette Vogel — ou plutôt sa reconstitution — a une histoire propre. C'est dans un rapport de police, établi le 22 novembre 1811 et faisant état de la mort de Heinrich von Kleist et d'Henriette Vogel au lac Kleiner Wannsee que j'ai découvert les dates de la vie de cette femme sans prétention du début du XIXᵉ siècle. Heinrich von Kleist — cet officier prussien qui n'avait pas été engagé sous Hardenberg et von Stein, ce poète et dramaturge dont les drames n'intéressaient alors presque personne — s'était donné la mort le 21 novembre 1811, au lac Kleiner Wannsee, en compagnie de sa dernière amie, Henriette Vogel, une épouse de fonctionnaire. La mort du poète (le roi de Prusse demandait, trois jours après le suicide du couple, de ne pas divulguer l'acte «héroïque» de l'officier en retraite) allait piquer l'imagination des hommes de lettres, des rêveurs et des admirateurs futurs de ses œuvres. La célébrité de Kleist fut donc ce qu'on appellera une célébrité posthume. Sa tombe, au bord du lac Kleiner Wannsee, est devenue un lieu de pèlerinage pour touristes et rêveurs. Tous les ans, pour l'anniversaire de sa mort, des messieurs très respectables, en costume sombre, viennent y déposer une couronne. Ce sont ces messieurs de la Société Kleist qui se sont donné pour tâche d'enrichir l'œuvre du poète de nouvelles interprétations, d'entretenir un mythe et de vénérer la figure héroïque de ce personnage resté insaisissable.

Jusqu'ici, Henriette Vogel, cette femme sans prétention, compagne d'un raté dans la Prusse résolument libérale de 1800, n'avait jamais suscité l'intérêt de la postérité. Elle n'est certes pas tout à fait inconnue de quelques initiés, ne serait-ce que par le rôle marginal qu'elle occupe dans la biographie de Kleist. Cependant, personne — connaisseurs de Kleist ou gens cultivés — n'avait voulu savoir au juste qui elle était. Cent soixante-dix ans après cette mort spectaculaire au lac Kleiner Wannsee, j'ai essayé de reconstituer la trame de la vie de Mme Vogel. Les données du rapport de police étaient trop maigres et l'édit du roi de Prusse de taire ces morts pour toujours était trop radical pour alimenter la biographie de mon héroïne. Dans les registres des archives de l'État de Prusse, le nom seul, sans autre indice, attestait de l'existence d'une Henriette Vogel. Son époux, un fonctionnaire d'État et homme de carrière, suivit l'édit à la lettre et fit disparaître tout ce qui pouvait témoigner de la vie de la désespérée. Dans mon fichier, je ne disposais donc que d'un nom et d'une mort — d'une autre petite chose quand même: quelques lettres d'adieu, cinq ou six petits mots adressés à des connaissances ou amis, cinq lignes au plus, qui pouvaient à peine donner le souffle nécessaire à une vie posthume. Ma recherche d'indices ne pouvait commencer là où se terminait le rapport de police. Je dus donc suivre d'autres chemins, inventer un registre, d'autres compagnons et compagnes de l'époque. C'est de ceux là, ceux que l'on n'a pas oubliés, qu'il sera question ici. Ils tiennent lieu de modèles et d'assistants à mon héroïne Henriette Vogel, cette obsédée de bonheur.

Berlin-Ouest dans les années quatre-vingt, aujourd'hui, hier, avant-hier. Les plaies de la guerre sont cicatrisées sans être guéries pour autant. Les rues et places que fréquentait Mme Vogel sont coupées par le mur. La Markgrafenstrasse, dernière adresse d'Henriette, a été ensevelie pour toujours, en 1945, par les ravages de la guerre; les quelques maisons bourgeoises qui subsistent ont le dos tourné au mur, l'immeuble de la maison Springer jette son ombre sur les emplacements que l'on a nivelés; non loin de là, la Friedrich-strasse, dévastée et sans visage, mène au *Checkpoint Charlie*. Il y a 80, 50 ans, c'était une rue commerçante, vivante. C'est ici donc qu'a pu commencer la vie de cette femme. Quand? Peut-être en 1790 ou 1794.

Sophie von Kühn était enfant lorsqu'elle rencontra pour la première fois, à Grüningen, près de Weissenfels en Thuringe, Friedrich von Hardenberg, appelé Novalis. Deux jours avant son 13e anniversaire, elle lui dit qu'elle aurait aimé être un homme. Elle avait de nombreuses sœurs; avant-dernière en âge, elle souffrait d'être sous la férule de toutes ces femmes. Elle se réfugia dans les bras de Hardenberg et pensa que, par un coup de baguette magique, il serait possible de ressembler à ce jeune admirateur et beau parleur. Elle se grisa à ce jeu, commença à fumer du tabac, se moqua de toutes les vertus et de tous les talents féminins. Elle redouta le mariage, maintint le «vous» malgré les fiançailles. L'amour de Hardenberg lui pesait. Elle resta de glace. L'avenir ne la préoccupait nullement. Quel soulagement lorsque la maladie la contraignit à garder la chambre! On lui donnait raison quand elle criait, on respectait ses humeurs, on la prenait au mot. Dans la lutte, son corps s'enflammait; elle souffrait, elle était à bout. Qu'elle se sentît étrangère à ce monde, alors on louait sa sage imagination. Qu'elle pansât les blessures de son âme et aussitôt on célébrait sa nature sacrée, son cœur serein. Il n'était donc pas étonnant que les tourments de la maladie lui fussent agréables. Elle ne voulait pas laisser venir à elle le poète, il ne fallait pas qu'il la vît malade. Elle ne parvint pas, comme elle l'avait d'abord espéré, à être à l'image de l'homme; la poésie même lui importait peu. Son langage n'était pas celui des livres; elle parlait comme bon lui semblait, écrivant son journal au gré du moment. Le fiancé pensa qu'elle «n'était pas encore parvenue à une authentique réflexion». C'était horrible, sa personne était déjà fixée par l'écriture; la parole et l'écriture lui faisaient subir une métamorphose à laquelle elle ne pouvait souscrire. Elle ne pouvait devenir ce que Friedrich et ses amis voyaient en ce sourire enfantin et dans cette docilité et cette opiniâtreté. Un personnage qui ne lui ressemblait en rien était créé. Une image d'elle, un montage artificiel prenait forme. Elle devenait le modèle de la créature la plus libérée de son époque. Novalis écrivait de sa Sophie:

> «Les femmes sont plus complètes que nous, plus libres que nous. Nous sommes généralement meilleurs. Elles ont une plus grande perspicacité. Leur naturel est ce que nous appelons art — et notre naturel leur art. Ce sont des artistes nées. Elles individualisent, nous universalisons.»

Sophie en sourit et nota dans son journal:

> «La broderie en compagnie d'autres femmes m'étouffe. Je préfère de loin la compagnie de mon aimable et vénéré Hardenberg; tandis que je fume, les volutes bleues de ma fumée se mêlent à ses propos éclairés sur Wilhelm Meister.»

Vouloir lui plaire, c'était pour elle devenir étrangère à elle-même, c'était, en dépit de la liberté de ses pensées, se laisser emprisonner par son esprit et ne voir d'elle-même qu'un reflet alors qu'elle aspirait à s'observer et à se découvrir. Elle pensait bien entendu qu'elle se devait d'être promise à un homme. Qu'y avait-il d'autre, que pouvait-elle devenir d'autre? L'obéissance aux parents et sœurs étaient une étrange vertu qui étouffait l'âme et entretenait fidélité et docilité. Sophie en avait horreur et elle ne se soumettrait jamais à Friedrich. Pourquoi cette apparence de femme faible, d'objet d'art? Ses sœurs, sa mère, étaient-elles d'argile? Quel destin les avait façonnées, modelées? L'amour du mari, le mariage, la famille?
Sophie se prit d'une nouvelle affection pour cette maladie à la mode qui mettait tant de femmes de sa condition à l'abri des importunités des hommes. Ses poumons s'affaiblissaient de plus en plus, les brûlures d'estomac la consumaient. Elle ne mangeait ni ne buvait, elle qui avait tant aimé cela. À 17 ans, elle savait déjà ce qui l'attendait dans les bras de son philosophe et poète. Elle, l'éternelle femme enfant,

condamnée à ses fourneaux et au berceau, lui voué à ses poésies et écritures, tout à son monde, ce monde si important auquel, faute de culture, elle n'aurait jamais accès. Avant de s'esquiver, avant de mourir de consomption, elle nota d'une écriture maladroite:

> «Hardenberg en souffrira un certain temps et il fera de moi un ange. Tous les jours il ira sur ma tombe, y portera des fleurs. À ses yeux je serai noble, bien plus que je ne l'étais, et quand il parlera de moi, personne ne me reconnaîtra.»

Novalis passa 110 jours dans le deuil. Analysant son amour pour une morte, il prit note de ses sentiments. Il parle de sa «petite Sophie qui défiait liberté et amour et n'était pas faite pour ce monde.» Il l'invoque en ces termes: «Sophie, sois mon esprit gardien!»

Tandis qu'on ne peut rien apprendre de la vie d'Henriette Vogel en 1794, on peut, à travers les notes de Sophie von Kühn, avoir quelques lumières sur les femmes de famille bourgeoise qui, déchirées par l'esprit du temps (après la Révolution française, bien sûr), ne voulaient plus se vouer à la seule éducation des enfants et partager leur temps entre la cuisine et l'église. Un idéal de liberté hantait leur esprit, les incitait à créer, en pensée, en rêve ou par le biais d'échanges épistolaires et de journaux intimes, un monde et une vie à elles. Le journal de Sophie nous éclaire à ce sujet et nous dit ce à quoi son âme aspirait et ce que la convention exigeait. Il nous livre une réflexion sur l'incompatibilité de l'esprit libre avec le moi prisonnier. Novalis se trompait, sa fiancée savait que les débordements de l'imagination forment davantage la conscience que les vertus dites éminemment et éternellement féminines. Faute de ne pouvoir supporter cette contradiction, elle se réfugia dans la maladie, dans la mort, pour ne pas devoir vivre sous le flambeau de la liberté dont elle verrait le feu sans jamais pouvoir le saisir.

Changement de décor. Friedrichstadt, Berlin-Est, aujourd'hui, hier, avant-hier. Tramway, immeubles sinistres de béton et de verre. Sur la place du château royal d'antan se trouve le palais de la République. On pavoise en noir, rouge et or, et l'emblème de l'État des paysans et des ouvriers se joint aux couleurs nationales. Les portails de verre sont ouverts et le hall d'entrée s'est peuplé de curieux. De l'autre côté, c'est l'île des Musées, cernée par la grisaille de la pierre et de l'eau. Les deux bras de la Spree disparaissent derrière la Galerie nationale de Schinkel. Les jardins, où les troupes de Napoléon avaient établi leur camp en 1806, ont totalement disparu. Cette ville respire la discipline et l'ordre militaire. 1806: Prussiens et Français; 1870-1871: troupes de Moltke; 1914-1918: Wehrmacht de l'empire wilhelminien; 1939-1945: Wehrmacht du IIIe Reich allemand; 1945: Américains, Anglais, Français, Russes, et puis une fois encore l'Armée populaire allemande. En tout, cela fait 180 années de défilés, marches militaires, bruits de sabres, détonations de canons et grêle de bombes. Occupation, libération. Les forces alliées garantissent par leur présence militaire que la ville n'oubliera jamais, à l'ouest comme à l'est, qui est maître de ces lieux.

Peguilhen, le conseiller à la guerre et ami de la famille Vogel et de Kleist, à qui est adressée une lettre d'adieu d'Henriette Vogel, a sûrement dû parler de l'art de la guerre dans la maison Vogel de la Markgrafenstrasse, en 1806. Il a sûrement dû expliquer à cette jeune femme curieuse dans quelles circonstances et par quels procédés la défense prussienne avait été écrasée, comment les hordes françaises avaient donné l'assaut à la ville et transformé les jardins en théâtre d'horreur. Des hordes de soldats se répandirent dans les rues et ruelles, occupèrent les maisons, y établirent leur quartier. On se sauva à leur approche, mais on ne put échapper à leur comportement de vainqueur. Les plans de bataille, que Peguilhen dessinait au mur ou crayonnait sur un papier, n'ont sûrement pas suscité l'enthousiasme de la jeune femme. Dans ce décor sanglant, celle-ci oublia probablement son désir de s'affirmer, car elle dut, comme toutes les femmes de cette époque, tenter de subsister, mettre en sécurité ses biens et essayer d'échapper aux actes de pillage des mercenaires. Mais peut-être apprit-elle, au contact de Peguilhen, à faire un usage domestique de l'art de la guerre, à livrer des batailles à son mari, le brave fonctionnaire Louis Vogel... batailles mesquines de cuisine, de cabinet secret, d'alcôve. Toujours inquiète de ses propres intérêts, peut-être y a-t-elle appris à marchander ce peu d'indépendance, tandis que dehors l'assaut faisait rage. Ce refus des contraintes de la vie l'aura toutefois laissée insatisfaite. La guerre de Prusse, à partir de 1806, et la paix forcée au foyer d'Henriette et Louis Vogel favorisèrent une façon de vivre et de communiquer qui n'était pas sans rappeler, à une échelle plus modeste, le salon de Rahel Varnhagen, où l'on cultivait la liberté d'expression et où ces dames de la bonne société exprimaient, en présence de leurs amies, des pensées révolutionnaires. Dans les chroniques de quelques contemporains, entre autres dans les écrits tardifs de Peguilhen (1813), les allusions à la Vogel font d'elle une Sophie von Kühn. Peguilhen écrit:

> «C'était la même femme qui, le soir, interprétait brillamment les compositions les plus difficiles, charmant ses amies par le jeu et le chant, et qui, le lendemain matin, était occupée à raccommoder et ranger le linge... La nature avait prédestiné Mme Vogel à être un joyau de son espèce, autant par son génie que par son corps. C'était un être de génie extraordinaire, qui alliait les qualités les plus diverses... Sa soif de savoir n'avait pas de limites et elle ne dédaignait rien de ce qui pouvait enrichir ses connaissances... Ainsi, elle me pria assez souvent de lui enseigner le métier de tourneur, elle souhaita même apprendre l'escrime; Kleist et moi-même lui apprîmes quelques éléments des tactiques et de l'art de la guerre.»

À qui devait-elle la chance d'avoir ces dons de l'esprit? Qui avait pris soin de ses vertus et talents pour faire d'elle la ménagère exemplaire et la folle libertine toujours tentée de se rebeller contre tout ce qui domestique la raison et paralyse l'expression.

Les écrits de Peguilhen idéalisent après coup le personnage et en font une figure tellement peu commune que sa mort s'en trouve comme expliquée. Ajoutons à cela les on-dit de ceux qui prétendaient tout savoir de sa maladie. Le cancer dont on la disait atteinte lui donna la force nécessaire pour mettre fin à ses tourments physiques et psychiques, consciente qu'elle était des limites imposées à son esprit.

Henriette Vogel écrivait le 21 novembre 1811 à Peguilhen:

> «À mon ami vénéré,
> l'amitié que vous m'avez si fidèlement témoignée
> va être mise à rude épreuve; votre ami Kleist et
> moi-même, nous nous trouvons chez les Stimming,
> sur la route de Potsdam, dans le dénuement le plus
> total: nous nous sommes donné la mort.»

Novalis avait exquissé un modèle qui combinait harmonieusement art, savoir et vertu féminine. Sa Sophie était une créature éthérée qui sur terre n'avait d'intérêt que pour ce qui lui était inaccessible. Le conseiller à la guerre Peguilhen reprit ce modèle. Il exagéra le personnage d'Henriette, pour l'adapter à son destin et à sa démarche radicale, en lui confectionnant un moule à la mesure de son âme et de sa sensibilité.

D'autres personnages reçurent des lettres d'adieu d'Henriette. Parmi ceux-là, trois femmes. Une seule a laissé quelques traces qui m'ont permis de reconstruire, de façon fragmentaire tout au moins, le tableau de la vie de mon héroïne.

En 1794, une jeune femme épousait à Dresde le comte Haza, attaché à la cour. Elle lui donna, dans les années qui suivirent, cinq enfants. Le mariage, la famille, ne la comblaient pas. Elle aimait la littérature, lisait avec passion Shakespeare et Goethe, était plus souvent au théâtre et en société que chez elle. Tantôt furie, tantôt mégère précieuse, elle était toujours prête à renverser les rôles établis dans les cercles qu'elle fréquentait, à aller à l'encontre de l'étiquette. Derrière ces masques se cachait le désir de prendre la peau d'un autre personnage. Elle s'accommodait mal d'avoir pour premier rôle celui de comtesse Haza. Elle eut quelques liaisons amoureuses avec des notables, ce qui devait la mettre à l'abri des persécutions et du mépris qu'exerçait la morale. Dans les réceptions, elle parlait sans ambages du «moi» dont philosophes et poètes de l'époque célébraient les contradictions et la liberté. Elle revendiquait l'indépendance de la femme et de l'homme, l'âme et la nature humaine étant en perpétuelle évolution. En 1807, à Dresde, elle fit la connaissance d'Adam Müller, l'économiste et philosophe révolutionnaire; elle éprouva pour lui un amour impérissable. Adam Müller, personnage ambigu et érudit, maître de conférences à l'université de Dresde, donnait des cours sur les transformations de l'État en Europe; il s'agissait de cours publics auxquels toute personne intéressée avait le droit d'assister. Il prenait note des discussions et les publiait sous forme de brochure, ce qui lui permettait de divulguer ses thèses. En outre, il fit des cours sur la littérature allemande et les commercialisa également sous forme de résumés écrits. La même année, il fit la connaissance de Kleist, qui errait de par l'Allemagne: Il s'était déjà intéressé à lui. Les deux hommes se lièrent d'amitié et Müller gagna le poète à une entreprise commune, Le Phœbus, un journal d'art qui, édité à Dresde, parut dès 1808. Sophie Haza quitta son comte, ses enfants, sa maison et sa situation. Elle perdait ainsi la protection de sa famille et celle de la cour. Sous le couvert d'une vertu hypocrite, tous ses amis, son époux même, la persécutèrent de leur vengeance. Le Tout-Dresde ne voulut plus rien savoir de la renégate. On évita sa présence, on lui interdit de paraître en public avec Adam Müller. À plusieurs reprises, Haza demande réparation à Müller et chaque fois, il fut éconduit par son adversaire sous un flot de propos désinvoltes. Sophie dut se retirer, elle se sentait harcelée par les regards de haine. Cependant elle ne supporta pas longtemps ce jeu de cache-cache. Elle était d'un naturel trop ouvert pour se complaire dans ce rôle de proscrite. Dans les deux années qui suivirent, Müller décida d'accepter un poste au Conseil d'État de Berlin dans le nouvel appareil administratif de l'État de Hardenberg.

Dans la Prusse libérale, Sophie Haza pourrait mener une vie plus libre, telle qu'elle l'avait si souvent réclamée auprès des esprits qui l'entouraient. Dans le Berlin de 1810, elle rencontra, en compagnie d'Adam Müller et de Heinrich von Kleist, Henriette Vogel, une assidue des salons à la mode et peut-être même une exaltée fanatique de la cause de l'émancipation des sexes.

Je n'ai trouvé aucune information à ce sujet, aucune allusion aux amitiés, aux conversations, aucune trace de ce fil d'Ariane susceptible d'alimenter mes conjectures. Dans ces lignes d'une lettre d'adieu que Kleist écrivit le 21 novembre 1811, et à laquelle Henriette ajoutait ces quatre mots: «Adieu, très chère amie», j'ai senti un peu de l'attirance et de la confiance réciproques qui avaient pu lier ces femmes.

Dans mon fichier, une dernière note, du 4 janvier 1980, m'encouragea à poursuivre mon entreprise, quitte à forcer la vérité, coûte que coûte. Pendant ces investigations, j'avais pris pour habitude d'écrire des lettres, à l'affût que j'étais d'une réponse; par ailleurs, les destinataires d'Henriette m'inspiraient et j'espérais, en jouant avec leurs noms, percer le secret de ces dernières lignes de mon héroïne. Sophie Haza fut une favorite de mon imagination et comme il me semblait la connaître à travers les notes d'Adam Müller, je m'adressai à elle, dans mes nombreuses ébauches de lettre, dans les termes suivants:

> «Chère Sophie,
> Je voulais vous conter un petit incident. Mes recherches sur Henriette Vogel n'ont toujours rien donné: un reste de bas fin, de chaussure, un voile de mariée, un portrait de mariée, et derrière tout cela, rien. Je ne compte pourtant pas abandonner mes recherches. Il m'arrive d'errer dans Wannsee, toujours à l'affût. Mais qu'il est vain de vouloir sonder le néant! Pourtant, cet incident d'il y a quelques jours est significatif. Je vous ai parlé de ce rapport de police qui avait été établi sur nos deux voyageurs de l'au-delà et que l'on conserve aux archives de Stahnsdorf, où il attire tant d'admirateurs respectueux de Kleist. J'ai mentionné aussi l'auberge *Stimmings Krug*, où nos deux héros, en

parfaite harmonie, se sont rencontrés le 20 novembre 1811. Du reste, cette auberge n'existe plus. À l'endroit que Kleist et Vogel avaient choisi pour leur dernière halte, se trouve maintenant un club d'aviron.

Devant *Stimmings Krug* donc (le club d'aviron), il y avait un attroupement. L'endroit était cerné de véhicules de police; des enfants et des gens criaient et gesticulaient. En plein hiver, sur le Kleiner Wannsee, un bateau vacillait. À l'intérieur, debout une silhouette claire, une rame à la main. Autour d'elle, brouillard, bourrasque de neige et un vent léger. *Stimming*, était-ce une mauvaise plaisanterie? Vous ne me croirez pas, mais l'histoire continue. Le chef de police essayait, par des appels, d'inciter la silhouette irréelle et légère à faire demi-tour, mais le clapotis persistait. Deux policiers mirent une autre barque à l'eau et, à la rame, ils partirent au large. Quelqu'un siffla. Il neigeait maintenant de plus belle. Quelques personnes rentrèrent au club. Les policiers sur la rive couraient dans tous les sens. L'un d'eux lança des jurons. Un troisième demanda un grog à la patronne du club. On entendait le bruit de l'eau. Les enfants ne quittaient pas la scène des yeux. D'un moment à l'autre, les bateaux rejoindraient la rive. Les respirations étaient comme suspendues. Ils revinrent enfin avec, dans leur sillage, la barque du malheureux allant à la dérive. Plusieurs mains secourables retirèrent la silhouette inerte. Elle semblait légère. On la transporta dans la salle d'hôte du club et on la coucha sur un banc. Le silence se fit et tous étonnés restèrent pieusement rassemblés autour d'elle. On envoya chercher le docteur, une ambulance. On fit passer du thé. Les enfants se retirèrent dans un coin. Ils chuchotaient et riaient en cachette.

Je m'approchai doucement du banc. À en croire ce qui s'était passé, et obsédée par ce qui m'avait si longtemps préoccupée, je m'attendais à voir une femme allongée sur ce banc. Je fus déçue en constatant que la silhouette floue et mystérieuse était celle d'un jeune homme, vêtu d'une chemise d'été

claire et de *jeans* délavés. Il avait l'air d'avoir
sommeil, mais semblait satisfait, peut-être était-il
ivre. De cette escapade, il ramènerait au moins un
rhume. Un peu plus tard, un médecin arriva; avec
des airs importants, il se pencha sur lui, hocha
plusieurs fois la tête, fit sortir tout le monde et resta
un certain temps seul avec le rescapé. Au bout d'un
moment, les épaules basses, le médecin rejoignit les
autres et fit un signe éloquent: les secours arri-
vaient trop tard. Je m'éloignai rapidement et eus
envie de rire. En ces lieux, il n'y avait place ni pour
le miracle ni pour la sorcellerie. Quelques jours
plus tard, je lus en dernière page du journal que le
jeune homme qu'on avait trouvé au Wannsee avait
pris des somnifères et était parti sur le lac. Les
mobiles de son geste étaient obscurs. Chère Sophie,
y aurait-il quelqu'un, 170 ans après l'événement,
pour faire des recherches sur ce cas, essayer de
reconstruire la vie du jeune homme et rassembler
tous les indices à l'origine de son suicide?»

Comme vous le constatez, la réalité me gagne; en quête
de vies et de morts obscures, je peux dans ce présent même
m'adonner à mes penchants.

HARALD JÄHNER

La ville chez Alfred Döblin:
porte-parole de l'inconscient

La ville, en tant que forme de vie sociale, a eu son apogée, il
y a de cela un certain temps. Actuellement, l'expansion
urbaine étant en régression et le concept d'urbanité devenant
un concept menacé d'extinction, nous serions tentés
d'embellir et de dédramatiser l'explosion urbaine, comme on
le ferait d'ailleurs de problèmes ou de dangers qui ont été
écartés. Dans les années vingt, le regard que les Allemands
jetaient sur la capitale au développement impétueux était
empreint d'incertitude face à l'avenir. Tous étaient convaincus que la ville changeait fondamentalement l'homme.
Serait-ce pour son bien ou pour sa perte? C'était un sujet sur
lequel les grands esprits se querellaient avec une hostilité
farouche. La ville suscitait tout à la fois espoirs impétueux et
frayeur; aujourd'hui, le lecteur désenchanté pour qui la ville
n'a plus valeur d'oracle ne s'attarde pas sur les écrits qui en
parlent.

Prenons, par exemple, une phrase de Döblin, notée en
1930 en vue d'une conférence sur ses rapports avec la ville:

> «Ma pensée et mon travail intellectuel appartien-
> nent, explicitement ou implicitement, à Berlin.
> C'est de là qu'ils ont reçu et qu'ils reçoivent encore
> des influences décisives et une orientation propre.
> J'ai grandi dans ce grand et sobre Berlin; voilà mon
> sol nourricier; cet océan de pierre est le sol nour-
> ricier de toutes mes pensées.»

Cela signifie-t-il seulement, ainsi que nous sommes actuellement portés à concevoir la vie urbaine, que la ville est un lieu animé qui fournit continuellement un flot de stimulations? La notion de «sol nourricier de toutes mes pensées» serait alors une métaphore excessive dont on aurait grandement exagéré le contenu.

À une enquête menée en 1929 par la *Vossische Zeitung* sur le thème «Berlin nuit-il à la création artistique?», Döblin répondit:

> «Tout y a un grand pouvoir vivifiant et inspirateur; l'animation des rues, des magasins, des voitures, c'est le brasier dans lequel je me plonge — tout le temps — pour travailler. C'est le carburant qui fait tourner ma voiture.»

Si on la prend au sens littéral, cette dernière image signifie que la ville participe à l'élaboration des pensées puisqu'elle forme une unité énergétique avec la conscience. Habiter la grande ville signifie pour Döblin une façon tout à fait nouvelle d'être homme qui le distingue du provincial, jusqu'au plus profond de la conscience.

Döblin est citadin par conviction. Dans le *Berliner Programm* de 1913, il réclame l'«imaginaire des faits»!

> «Je ne suis pas moi, mais la rue, les réverbères, l'événement, rien d'autre. C'est ce que j'appelle le style de la pierre. [...] absence du personnage! [...] courage de l'imaginaire cinétique!»

Cette euphorie démontre clairement à quel point l'actuelle conception, plutôt froide et raisonnée, de la ville diffère de l'image qu'on avait de Berlin durant les premières décennies de ce siècle. La grande ville, qui en quelques décennies seulement avait atteint les quatre millions d'habitants, était quelque chose de fabuleusement nouveau pour l'Allemagne à peine éveillée de l'Empire. Les uns la détestaient parce qu'ils la tenaient pour responsable de la décadence de toutes les valeurs traditionnelles; d'autres la célébraient avec cynisme comme une excitante concentration de la tragi-comédie humaine; d'autres encore, tel Döblin, la voyaient comme le laboratoire de la nouvelle République démocratique qui allait faire de l'Allemand un citoyen à l'esprit démocratique, heureux de vivre, bref, un homme nouveau. Pour Heinrich Mann comme pour Döblin, Berlin était un atelier producteur d'hommes pour le compte d'une Allemagne qui, à demi assoupie, avait laissé passer 200 ans de démocratie bourgeoise et avait maintenant bien des choses à rattraper sur le plan de la mentalité et de la psychologie sociale. Ils avaient certes conscience que cette ville, qui s'était libérée de toutes les identités traditionnelles, n'en était pas moins problématique, mais elle seule leur semblait être capable de produire des hommes à la hauteur de leur tâche.

La représentation de Berlin «atelier producteur d'hommes» avait plusieurs facettes: elle prenait forme tantôt de gigantesque machinerie, tantôt de camp où s'entassaient des bêtes de somme, tantôt de spectacle psychédélique de variétés. Toutes ces visions jouent un rôle important dans *Berlin Alexanderplatz*, roman de Döblin paru en 1929. Mais afin de montrer jusqu'à quel point les transformations que Döblin attendait de la ville touchaient non seulement le contenu, mais aussi les formes de la conscience, je me limiterai ici à un seul aspect, soit au rapport entre les différentes formes qui permettent de faire le récit littéraire d'un citadin. La ville telle que perçue par Döblin a si profondément modifié la position de l'individu par rapport à son entourage et à sa conscience qu'il n'est plus possible de se servir de moyens classiques pour parler de ses habitants. Comme expédient, il invente ce principe de construction qu'est le montage. Le rapport entre l'histoire racontée et le montage, les deux principes de construction opposés dans le roman, illustre aussi le rapport de l'auteur et de la ville, «sol nourricier» de toutes ses pensées.

Dans *Berlin Alexanderplatz*, roman écrit en 1927-1928 et qui traite de cette même époque, Döblin soumet à une épreuve littéraire systématique le rapport entre la conscience de l'individu et celle de la ville.

Au début du roman, comme dans la préparation d'une expérience de laboratoire, il place, face à la ville, son personnage principal. Franz Biberkopf se presse contre le mur rouge d'une prison à Tegel, une banlieue de Berlin. Il vient d'être relâché après quatre ans de détention et on l'a laissé à la porte de la prison. Il a été jeté dehors, comme arraché du sein maternel contre lequel il essaie encore de se réchauffer. Au tout début du roman, voilà qu'il doit, au sens vrai du terme, faire ses premiers pas dans la vie.

Mais il se presse encore craintivement contre le mur de la prison, hésite, retarde le début de l'histoire. En face de lui se trouve la ville qui l'attend et qui sera l'espace où se déroulera son histoire future.

Qu'arrive-t-il lorsque ces deux éléments, l'individu et la ville, se rencontrent?

Comme s'il appuyait sur un bouton, Döblin fait commencer l'expérience par un ordre: «En avant!». Biberkopf se détache du mur de brique rouge de la prison et «pénètre dans Berlin»:

> «Il se secoua, avala sa salive, se marcha sur le pied. Puis, ayant pris son élan, il se trouva assis dans le tramway au milieu des gens. En avant! Tout d'abord, ce fut comme chez le dentiste qui vous empoigne une racine avec son davier et qui tire. La douleur augmente, la tête est tout près d'éclater. Il tourna sa figure vers la muraille rouge, mais le tramway l'emportait, filant le long des rails, et seule sa tête regardait encore dans la direction de la prison. La voiture fit un virage; des arbres, des maisons s'interposèrent. Des rues bruyantes surgirent; voilà la rue du Lac. Des voyageurs montent et descendent. En lui, un hurlement plein d'épouvante: "Attention, attention, ça va recommencer!" Le bout de son nez se glace, ses joues tremblent: "BERLIN-MIDI, B. Z., LA NOUVELLE ILLUSTRATION, LA T.S.F., DERNIÈRE ÉDITION. Places, s'il vous plaît?" [...] Il descendit du tramway sans attirer l'attention des autres et le voilà donc de nouveau au milieu des hommes. À la vérité, que se passait-il? Rien. Un peu de tenue, que diable, espèce de cochon affamé! Allons, du nerf, ou je te fourre mon poing dans le nez. Quelle foule,

nom d'un chien! Comme ça grouille! [...] Dans la
rue, tout n'était que mouvement; mais là, derrière
la vitre, il n'y avait plus rien. Plus de vie! [...] La
prison l'avait renié; maintenant il devait aller de
l'avant, toujours de l'avant. [...] Bon, j'obéis, j'y
vais, pour sûr, mais c'est bien malgré moi, mon
Dieu, parce que moi... je ne peux pas. [...] Le vacar-
me et la sonnerie des voitures et autres véhicules
allaient leur train, les façades des maisons se
succédaient sans arrêt. Et il y avait des toits sur ces
maisons, des toits qui flottaient au-dessus d'elles.
Ses yeux erraient jusque là-haut: Pourvu que ces
toits ne dégringolent pas! Mais les maisons res-
taient bien droites. Où que tu iras, pauvre diable?[1]»

Biberkopf se réfugie dans un vestibule sombre et silen-
cieux. Il se sent comme rejeté par la ville. Le mouvement
initial du personnage principal entrant dans l'espace du récit
s'est transformé, dès ses premiers pas, en un mouvement
universel de l'espace lui-même. La ville l'aspire, le projette
dans les dédales de la circulation, frappe ses sens de toutes
sortes d'impressions, le catapulte et le relègue dans un
endroit retiré semblable à celui où, près du mur, il se tenait
face à la ville: «Il se cramponna à la balustrade.» Cette phrase
correspond exactement au renversement du mouvement
avec lequel l'histoire de Biberkopf allait commencer. Même
lorsque les choses commencent à s'apaiser, le traumatisme
causé par les objets, qui prennent vie et que symbolise la
vision des toits qui glissent, ne quittera plus Biberkopf jusqu'à la fin du roman. Cette autonomie du monde se réalise
dans chaque revers que lui fait subir le destin et est reprise
à la façon d'un leitmotiv dans une série de variations. Omni-
présente, la subjectivité retirée aux hommes et attribuée aux
choses fait de la ville l'adversaire du protagoniste.

Commencer un récit en faisant entrer un héros dans le
monde est un geste narratif aussi vieux que l'art du récit, et
lui faire traverser l'espace est une scène qui remonte aux

---

1. *Berlin Alexanderplatz*, traduction de Zoy Motchane, Éditions Galli-
    mard, 1970.

origines mêmes de l'histoire racontée: dans une grande partie des épopées médiévales et antiques, la trajectoire du récit débute par le départ du héros. En mettant autant en relief le geste narratif qui consiste à opposer le personnage principal et le monde, Döblin met à l'épreuve les traditions centenaires de l'art du récit lui-même. Tout comme dans les épopées chevaleresques courtoises, le héros part en quête d'aventure afin de faire ses preuves au combat, de même, plus tard, dans le Bildungsroman (roman de formation), l'évolution du héros est reliée au fait qu'il traverse l'espace. C'est cet espace qui présente au héros les obstacles grâce auxquels son caractère atteindra à la maturité.

Les structures épiques classiques de l'appropriation de l'espace, avec leurs relations sujet-objet relativement claires, ne sont plus à la mesure du thème de la grande ville. À la traversée de l'espace qu'on retrouve dans le roman d'aventure classique, le thème de la grande ville oppose une dynamique propre, celle de la circulation à laquelle les déplacements des héros sont soumis. Ce n'est plus le monde des objets qui offre une résistance, mais la société devenue sujet et qui exige de l'individu qu'il s'adapte à ses structures dynamiques. Les déplacements de l'individu doivent passer par les structures de la circulation et s'en remettre passivement aux moyens de transport. Dès le début, Franz Biberkopf est amené à réaliser qui est le plus fort: le fait que ses émouvantes tentatives en vue de maîtriser l'espace échouent et qu'il devienne un objet impuissant abandonné au mouvement universel indique que le pouvoir de contribuer à l'évolution de l'histoire s'est déplacé de l'individuel au tout, lui-même produit de la société.

Biberkopf, pour qui «il vaut mieux ne pas se mêler aux autres», ne se résigne pas pour autant. Encore chancelant, il part pour un nouveau *round* contre son adversaire anonyme.

Entêté et orgueilleux, ainsi que le lui reprochera plus tard la mort — cette dernière instance, produit d'une impitoyable socialisation, qui se présente à lui sous des traits humains — il s'accroche aux exigences du moi tout-puissant et essaie de battre en brèche ce Berlin qui trouble ses sens:

«Et puis après? C'est pas ça qui te fait peur, hein? Tu pourrais les mettre en miettes comme un rien», s'écrie-t-il à la vue de vitrines étincelantes qui l'effraient.

«Faut rester honnête, [...] et chacun pour soi», voilà le programme que lui dicte l'individualité toute-puissante revêtue de haillons prolétaires. Il lutte pour se frayer un chemin à travers son histoire que le tumulte de la grande ville embrouille de plus en plus.

Dans *Berlin Alexanderplatz*, plus de 50 passages ont trait à la progression, au cheminement de Biberkopf qui ressent «jusqu'à la moelle» le traumatisme que lui cause la vision éruptive de la ville. «Piétiner, écraser à force de hurlements» devient la ligne de conduite de Biberkopf. Son allure passe peu à peu d'une course folle dictée par la panique au pas de marche; à la fin, la marche à travers le Berlin paisible de 1927 prend l'aspect d'une hallucination et Biberkopf croit foncer au pas de charge au milieu de la bataille d'Arras, lors de la Première Guerre mondiale.

Même dans les quelques moments de détente où Biberkopf, apparemment libéré de la peur, flâne à travers les rues de Berlin, ses pas vérifient si le sol est ferme, si Berlin ne va pas le faire tomber ou si les toits ne menacent pas, comme au début, de glisser sur lui.

Ils recommencent continuellement à glisser. La ville sort victorieuse de chaque *round*. L'image des toits qui glissent s'amplifie en visions de plus en plus violentes où le monde, doué d'une vie propre, enterre Biberkopf sous lui, le «cloue au sol», le «renverse», le «déchire».

À l'encontre de Leopold Bloom, le héros passif du *Ulysse* de James Joyce dont les monologues reflètent d'innombrables images apaisantes de la ville, la conscience de Biberkopf, paralysée par la panique, reste complètement vide au milieu du spectacle trompeur de la ville.

Comme l'a fait remarquer Günther Anders, Biberkopf n'est humain qu'au «sens barbare» du terme. Son histoire n'est faite que d'interruptions. C'est pourquoi le roman abandonne sans cesse le principe de la narration, s'éloigne du point cible qu'est Biberkopf, ne se concentre plus sur le personnage principal. Tandis qu'il a le «courage d'abandonner son personnage», il suit les ramifications de la ville pour y retrouver Biberkopf.

Tout de suite après l'exposition des structures contradictoires, Döblin commence l'ébauche littéraire de la ville au-delà de ce qui peut être narré: il reproduit les emblèmes des divers services de l'administration municipale. À partir de l'énumération des arrêts d'une ligne de tramway, d'observations très brèves sur la largeur de diverses places, sur les fonctions glandulaires de tel ou tel passant choisi au hasard, de la présentation du plan des rues et du système administratif d'une grande compagnie électrique, du chemin suivi par le bétail depuis le pâturage jusqu'à l'abattoir, de la description des mouvements de la circulation, comme s'ils étaient vus du haut d'un observatoire, Döblin construit en filigrane l'image de la ville. L'énumération de noms de rues, de carrefours, de lignes de tramway constitue la structure cartographique du texte, que Döblin complète au moyen du montage littéraire.

Tandis que le récit dessine un graphique linéaire et ordonne le matériel selon les déplacements de son héros, le montage littéraire étale le matériel sur une surface plane. La ligne et la surface plane, le fil conducteur du récit et les tableaux du montage forment les principes antinomiques de la construction du roman. Tout comme Biberkopf se fait un chemin, «comme un chien qui a perdu la trace», l'histoire suit sa route à travers un réseau d'associations d'où les personnages sont absents et se voit ainsi dérangée, détournée et suspendue.

Coupures de journaux, textes d'information, lettres, dossiers judiciaires, textes de chansons à la mode, slogans publicitaires, extraits de romans bon marché, citations extraites de la Bible, décors naturels magiques et mythiques empruntés à diverses religions, modes d'emploi, statistiques, citations empruntées à différents styles et épisodes secondaires fictifs: Döblin relie tout cela en un entrelacs de textes aux dimensions gigantesques qui, comme une ville de mots, couvre toute l'étendue de l'espace littéraire. «Étendre couche après couche, amonceler, compulser, déplacer»: c'est ainsi que Döblin décrit les principes sur lesquels repose la construction du roman épique. Selon lui, le poète épique ne raconte pas, il construit: il assemble, transforme, combine, varie. Dans le récit, chaque élément narratif a sa place bien déterminée dans le déroulement de l'action. Il en va tout autrement du texte résultant d'un montage, où les éléments ont une fonction paradigmatique et où, par conséquent, ils correspondent à une série virtuellement infinie d'éléments interchangeables:

> «Si un roman ne peut, tel un ver de terre, être coupé en 10 morceaux et si chaque partie ne peut ensuite se mouvoir d'elle-même, alors il ne vaut rien.»

Döblin s'exprime déjà ainsi dans le *Berliner Programm*. Tandis que le récit ne peut intégrer à la courbe de l'action que les éléments reflétant les pensées de l'auteur ou de son personnage, le matériel du montage est éparpillé dans l'espace littéraire et n'a ni destinataire ni expéditeur.

Puisque ce matériel est combiné sans référence à des motifs concrets pouvant déterminer le discours des personnages, il ne peut consister qu'en citations de textes préexistants: bulletins météorologiques, lettres d'amour, dossiers judiciaires, etc. Ainsi, un grand nombre de propos ayant trait à la société sont insérés, par fragments certes mais tels quels, dans l'espace littéraire; ce matériel anonyme et objectif est en opposition avec le sujet et son récit.

Construit à partir de citations et formant une surface, l'espace littéraire de *Berlin Alexanderplatz* ressemble à une ville. Comme le passant doit se faire un chemin à travers la ville, l'histoire de Franz Biberkopf fait le sien à travers le montage des textes.

Toutefois, plus le roman progresse, plus il devient clair que l'opposition entre histoire et montage, entre ligne et surface, n'est autre que l'opposition entre le moi et la ville et que, en vérité, les antinomies du texte passent par le sujet. L'espace littéraire anonyme permet donc de fixer les impressions fugaces et les états linguistiques prérationnels qui sont exclus du récit centré sur le conscient. La trame du texte ob-

tenue par montage imite, par exemple, le travail de perception non distancié et à l'état brut que le passant accomplit,
sans le savoir, lorsqu'il traverse rapidement l'espace urbain.
Les impressions disparates s'unissent pour former une aire
de langage anonyme, une rumeur urbaine qui, dans un con-
traste saisissant avec Biberkopf la monade hermétique, vient
interpeller Biberkopf le vagabond, et le mêle à un texte nerveux et complexe:

> «Les grandes Galeries Hahn sont entièrement dé-
> molies, mais tous les autres édifices bourdonnent
> d'activité. Toutefois, on n'y brasse des affaires
> qu'en apparence. En réalité, tout cela n'est que cris,
> appels, gazouillements, cric crac, ramage sans
> forêt.»

Le monde des voix intérieures se mêle à l'échelle sonore
des bruits et bourdonnements de la ville, formant des syn-
thèses indissolubles avec le texte anonyme. À l'ébauche
naturaliste que forme le bruit confus des voix de la ville se
superpose le flot hallucinant des paroles, qui ressemble bien
peu à la réalité de la ville:

> «Voilà un criminel, un homme maudit qui, autre-
> fois, n'aurait pu s'approcher d'un autel — "D'où te
> vient cette science, mon enfant?" —, un Oreste qui
> a tué Clytemnestre, nom qu'on ne peut presque pas
> prononcer, bien qu'il fût celui de sa mère. "Que
> voulez-vous dire par autel? Chez nous, vous
> n'avez qu'à vous rendre dans une église qui reste
> ouverte durant la nuit. Je disais bien que les temps
> sont changés!" [...] Comme il est dit dans la chan-
> son, aucun son de harpe n'accompagne la per-
> formance chorégraphique des Érinnyes. Folie et
> égarement encerclent la victime, annonciateurs de
> la camisole de force.»

Döblin superpose à la topographie incomplète de la
ville réelle l'ébauche d'une carte surréelle, une mémoire
collective qui comprend pratiquement toute l'étendue des

influences culturelles, sociales et historiques auxquelles est soumise la vie de l'individu, que ce soit consciemment ou non. Ce champ d'associations enveloppe le chemin suivi par Biberkopf, à travers la ville, de mots et d'images dont il n'a, au niveau conscient, encore jamais entendu parler et qui marquent cependant son existence et sa pensée.

Ce faisant, le texte ne s'élabore pas en fonction de sa signification mais en fonction de divers aspects matériels: associations de sons, rythmes, mots altérés ou morcelés, allitérations, rimes significatives par leur manque de sens. La langue s'écoule en un jeu dont elle est elle-même l'objet; elle ne dissimule pas son aspect matériel concret, ce que Döblin appelle l'«a-logique du mot», elle laisse les signifiés, la sphère de la signification, dériver au hasard des courants d'où naîtront ultérieurement les sens.

Telle une passerelle, la langue est «suspendue dans l'action», pourrait-on dire comme Ernst Bloch au sujet d'*Ulysses*.

La matérialité de la langue remplace le sujet qui, lui, prend du recul par rapport aux objets et distingue clairement intérieur et extérieur, sujet et objet, discours et objet du discours.

Lorsque, à la fin, la mort, ce grand maître, perce la cuirasse de Biberkopf, ce dernier doit accomplir ce qui s'était déjà réalisé depuis longtemps à travers la pratique du montage littéraire, c'est-à-dire abattre, tant vers l'intérieur que vers l'extérieur, les frontières qui lient le sujet au cogito. Ainsi, la logique du roman neutralise le traumatisme de son début tumultueux. Au début, Döblin présente la ville comme un sujet menaçant et puissant en opposition au sujet humain. Les montages opéreront le mouvement contraire en construisant le sujet humain comme une ville. Ils transforment langage, mémoire et psyché en espace, comme s'il s'agissait d'une ville construite à partir de mots. Cette ébauche surréaliste de la ville répond au désir de parler de soi face à l'étranger: il ne s'agit pas tant là de parler d'un sujet donné et d'opposer une certaine combativité aux objets que d'aller plutôt au bout de soi, de se voir et de s'entendre parler à travers la vaste ville littéraire.

Face à la pensée unidimensionnelle et bornée de

Biberkopf et de l'histoire de ses souffrances, le sujet lecteur fait l'expérience de soi dans la trame serrée de la conscience du langage objectivé sous forme de texte, espace infiniment vaste mais qui reste, lui aussi, étranger et anonyme.

«Qui me parle?» fait dire Döblin à Job désespéré, dont la plainte constitue un des leitmotive de *Berlin Alexanderplatz*. «Ah! j'ai la fièvre, c'est le délire. On me prendra ma tête, mes pensées, la seule chose qui me reste.» Et une voix anonyme lui répond: «Et si tu les perds, est-ce dommage?»

L'anonymat devient une figure qui englobe héros, lecteur et auteur. «On croit parler et on est parlé, on croit écrire et on est écrit», note Döblin dans *Bau des epischen Werkes* (*Structure de l'œuvre épique*).

Dans une lettre adressée au germaniste Petersen où il parle de la genèse de *Berlin Alexanderplatz*, Döblin écrit: «Le contrôle m'échappait, c'était irréversible. Le livre continuait à progresser à l'encontre de ce que j'avais prévu».

Les montages de Döblin ressemblent à l'écriture automatique des surréalistes. Issus en partie du flot d'un langage qui a développé une vie propre, ils contribuent à maintenir ce flot, à le regénérer et à l'engendrer de nouveau. Les textes résultant du montage sont nerveux, instables et continuellement actifs. Döblin parle des «pulsations de la conception», d'un «filet dynamique» qui, une fois jeté, ramène à son tour de nouveaux matériaux et engendre un langage surréaliste qui souffle le texte à l'auteur. Ainsi, la ville que Döblin reconstruit sous forme de textes qui parlent devient pour l'auteur lui-même une instance d'inspiration, le «sol nourricier de ses pensées». Ainsi que le fait remarquer Benjamin, le texte est comme une épave déposée par le ressac de la mer; l'auteur, lui, renonce à s'imposer les contraintes de la perfection artisanale, à marquer l'œuvre du sceau de paternité créatrice. Il se met en attente, «rêve, écoute, collectionne», accueille le texte en lui avant de l'écrire.

La trame du texte, incomplète et semblable à un squelette, devient pour lui le mégaphone de l'appareil psychique, elle devient productrice d'inspiration.

Dans sa reconstruction littéraire de Berlin, Döblin ébauche une image excentrique de l'homme qui se plaît à affirmer

que le système social — qu'il s'agisse de la langue, de la circulation ou de tout autre phénomène social — a développé
une vie propre. Mais il ne cache pas non plus la violence
ainsi faite à l'homme persévérant dans sa quête d'autodétermination. Son roman aux contradictions non dissimulées
se termine par une question qui reste sans réponse. Des
défilés de manifestants, dont nous ne savons avec certitude
s'ils sont de droite ou de gauche, marchent dans les rues et
passent devant Biberkopf: c'est la foule qui absorbe le motif
du déplacement, de la marche qui, dans le roman, avait servi
à exprimer les contradictions existant entre le sujet et le
monde des objets devenu indépendant, tout en l'acheminant
vers une non-fin.

Berlin écrit et vécu

KLAUS PETERSEN

Groupes et associations d'auteurs à Berlin dans les années vingt

Les recherches les plus récentes sont unanimes pour dire que l'époque de la République de Weimar n'a pas de caractéristique dominante. «Sa force tout comme sa faiblesse — pour citer Kurt Sontheimer — consistaient en une multitude de particularités qui se recoupaient sans jamais coïncider parfaitement.» Cette constatation, qui porte sur le politique, le social et le culturel, vaut également pour la littérature. La pluralité des idées socio-politiques et des tendances littéraires dont témoignent les œuvres et les publications parues à cette époque ne se résume pas à des écoles littéraires ou à d'utopiques projets de société. Par contre, une tendance à la matérialisation — c'est-à-dire, un intérêt concret pour les processus de la société — semble dominer la création littéraire d'alors. Généralement qualifié de «nouvelle objectivité», ce mouvement s'intéresse aux nouvelles formes de vie que l'industrialisation massive introduit dans la société, aux techniques modernes de communication, à la rationalisation de la production industrielle, à la politisation accrue de secteurs vitaux, ainsi qu'à la modification de la répartition des populations au profit des grandes villes et des centres industriels.

Tandis que la littérature de l'époque se tourne vers les réalités sociales et politiques, les écrivains sont amenés à discuter dans les journaux et autres publications, de questions politiques et de problèmes particuliers à leur profession et à prendre part à de nombreuses actions publiques.

La commercialisation grandissante du marché du livre lie les écrivains aux intérêts commerciaux des éditeurs, des librairies, des cartels formés par les journaux, des producteurs de radio et de cinéma. Cette situation exige d'eux qu'ils prennent en main, de façon agressive et collective, leurs intérêts commerciaux. Par ailleurs, les bouleversements politiques et sociaux obligent les écrivains et artistes allemands de cette époque à recourir à des formes d'action publique différentes et plus efficaces que l'œuvre littéraire.

Dans ces activités paralittéraires, les groupes et associations d'écrivains jouèrent un rôle décisif. Contrairement aux cercles d'amis que formaient les écrivains expressionnistes de l'avant-guerre, leurs buts et leurs activités sont marqués moins par des programmes littéraires et par la personnalité de certains artistes indépendants que par des problèmes économiques et politiques de l'heure. Toutes les associations importantes de l'époque étaient établies à Berlin. Plus que toute autre grande ville allemande, Berlin, centre du pouvoir politique, ville la plus populeuse d'Allemagne, métropole dotée des plus grands journaux dont la diffusion débordait le cadre régional, siège de la première station de radiodiffusion, était en mesure d'offrir aux écrivains une large diffusion de leurs intérêts dépassant la simple production de textes littéraires.

Il y eut un nombre considérable d'associations et de groupes qui, par le biais de lectures et de débats, de représentations et de publications, de déclarations, de protestations et de rassemblements publics, donnèrent à l'activité culturelle berlinoise des années vingt des impulsions politiques. J'en donnerai ici un bref aperçu. Il y eut bien quelques petits groupes à caractère privé dont la préoccupation majeure était la littérature; dans la mesure où nous pouvons en juger, leur programme et leur forme d'organisation présentaient encore certaines similitudes avec ceux des cercles expressionnistes de l'époque précédente. Il faut mentionner ici les Gens de la gauche (Die Linken Leute), groupe fondé en 1926 par Kurt Hiller, le Klub 1926 (Club

1926), le Groupe de travail des écrivains (Schriftsteller-Arbeitsgemeinschaft), le Cercle des jeunes (Junger Kreis) et le Tropique (Wendekreis), qui sont tous des cercles des années 1926 et 1927, peu connus, même à l'époque. En règle générale, la presse se contenta de souligner leur fondation ou d'annoncer le lieu et la date de leurs réunions. Leur existence fut courte et leur influence presque nulle.

C'est à des associations professionnelles connues — telles l'Association générale des écrivains (Allgemeiner Schriftstellerverein), la Ligue pour la défense des écrivains allemands (Schutzverband Deutscher Schriftsteller, SDS) — et des groupes professionnels de moindre importance — tels l'Association des compositeurs et auteurs dramatiques allemands (Verband deutscher Bühnenschriftsteller und Komponisten), l'Association des narrateurs allemands (Verband deutscher Erzähler) et le Cartel des poètes (Kartell lyrischer Autoren) — qu'incombaient la protection, la représentation et la promotion des intérêts intellectuels, économiques et juridiques des écrivains. Dans les années vingt, la Ligue était, parmi ces groupes, celui qui donnait le ton. À l'époque de la République de Weimar, presque tous les auteurs en faisaient partie. À titre de représentante des intérêts des écrivains face au pouvoir de l'État, la Ligue avait une importante mission sur le plan de la politique culturelle.

En fait, la Ligue était, autour de 1925, non seulement le groupe d'écrivains qui comptait le plus grand nombre de membres, mais également celui qui jouissait de la plus grande considération et qui exerçait le plus d'influence sur la politique. Les conférences et les débats qui avaient lieu lors de ses assemblées générales et lors des rencontres du groupe local berlinois comptaient parmi les manifestations les plus animées et les plus fréquentées du monde littéraire de l'époque.

La Section de la poésie (Sektion für Dichtkunst), quant à elle, était une institution gouvernementale dont les membres jouissaient de beaucoup de prestige. La Section fut affiliée à l'Académie prussienne des arts (Preussische Akademie der Künste) le 19 mars 1926, par un arrêté du ministre prussien de la Culture, Karl Becker. Sur la recommandation du président de l'Académie, Max Liebermann, Becker nomma membres fondateurs Gerhart Hauptmann (qui refusa tout d'abord et n'y adhéra qu'en janvier 1928), Arno Holz, Thomas Mann et Hermann Stehr (en remplacement de Stefan George qui refusa cette nomination). Les élections complémentaires d'octobre 1926, janvier 1928 et janvier 1932 y ajoutèrent 31 nouveaux membres, dont Alfred Döblin et Leonhard Frank. Lors de sa fondation, la Section se vit attribuer les tâches suivantes: présenter au ministre prussien responsable des rapports sur la littérature, lui apporter des conseils, lui soumettre des propositions en vue de préserver et de promouvoir la littérature, ouvrir des concours, octroyer des prix et des bourses, proposer des candidats en vue de l'attribution de distinctions honorifiques et organiser des conférences portant sur la littérature.

Parmi ceux qui furent choisis, plusieurs accueillirent cette nomination comme une distinction. L'appartenance à la Section garantissait une certaine influence sur les autorités en matière de politique culturelle et dans la vie publique. La fondation de la Section, bien qu'elle fût abondamment commentée par la presse, eut cependant peu de retentissement chez les écrivains. Les jeunes et les gauchisants virent leur méfiance envers les institutions de l'État confirmée; en effet, les premiers membres furent choisis uniquement parmi les écrivains bourgeois déjà connus. De plus, par suite de vives discussions portant sur les objectifs et les tâches de l'Académie, l'intérêt pour l'adhésion à cette institution fut quelque peu terni. Une délimitation imprécise des compétences de l'Académie et de l'État, ainsi que la distinction entre membres berlinois et étrangers allait nuire au travail concret. Pour ces diverses raisons, la Section de la poésie ne put, durant sa courte existence, réussir à représenter véritablement les intérêts des écrivains allemands.

L'appartenance au PEN Club était, elle aussi, plus une question de prestige que de participation active. Fondée en 1921, cette association internationale d'écrivains se voyait comme une sorte de Société des Nations des gens de plume. Sa charte s'élevait contre le racisme et la haine entre les peuples, contre la répression de la libre expression. On y prenait fait et cause pour le respect mutuel et la paix entre les humains. Le cadre officiel de ses congrès internationaux était l'occasion de discours solennels et de banquets mais, en règle générale, cela n'allait guère plus loin. On ne pouvait en faire partie que par cooptation, ce qui suscitait la critique des écrivains qui n'y étaient pas reçus.

Les groupes d'écrivains communistes étaient quant à eux davantage présents dans l'esprit du public; il s'agissait de groupements d'artistes et d'écrivains engagés qui, tant par leur idéologie que par leur organisation, avaient des liens avec le Parti communiste d'Allemagne (KPD). En 1924, sous la présidence de George Grosz, on fondait le Groupe rouge (Rote Gruppe) dans le but déclaré de contribuer, «au moyen d'écrits, d'images et d'œuvres scéniques, à rendre la propagande communiste plus efficace». En février de la même année, plusieurs membres du groupe local de la Ligue pour la défense des écrivains allemands (SDS) se réunirent à Berlin, sous la direction de Gertrud Alexander, Johannes R. Becher, Hermann Duncker et Frida Rubiner, pour former un groupe communiste qui, suite au Xe Congrès du KPD (1925), prit le nom de Groupe de travail des écrivains communistes (Arbeitsgemeinschaft Kommunistischer Schriftsteller).

Malgré le cadre assez lâche de l'organisation et malgré d'importantes divergences idéologiques, ce groupe de travail parvint à plusieurs reprises, grâce à l'aide d'auteurs appartenant à la bourgeoisie de gauche, à pousser le groupe local de la Ligue, et ce contre la volonté déclarée du comité exécutif, à protester publiquement et à organiser des débats portant sur la politique littéraire. En 1929, suite aux directives du KPD, ce groupe de travail s'affilia à l'Union des écrivains prolétaires révolutionnaires d'Allemagne (Bund Proletarisch-Revolutionärer Schriftsteller Deutschlands, BPRSD). L'année précédente, le Parti avait réussi, grâce à la collaboration de cette union, à regrouper et à contrôler à l'échelle nationale les écrivains prolétaires révolutionnaires d'Allemagne. Si les grands débats programmatiques ne permirent pas de définir clairement l'impact du marxisme-léninisme dans la littérature, par contre des groupes de travail élaborèrent, au cours de soirées de discussion et de formation, les grands principes d'une esthétique et d'une littérature communistes. On se servit de la Correspondance-feuilleton prolétaire (Proletarische Feuilleton-Korrespondenz 1927-1929), une agence du Parti qui fournissait du matériel culturel à la presse communiste, et d'une revue éditée par Johannes R. Becher, Virage à gauche (*Die Linkskurve*, 1929-1932), pour recueillir et élaborer une littérature prolétaire révolutionnaire. En 1929, l'Union comptait plus de 300 membres et était sans aucun doute l'association d'écrivains la mieux organisée de la République de Weimar.

À partir de l'automne 1925, les protestations contre les mesures législatives et administratives visant à limiter la liberté d'expression tant orale qu'écrite suscitèrent des initiatives spontanées de la part de certains intellectuels, et des regroupements d'associations d'écrivains en comités d'action et groupes de lutte. Leurs actions pouvaient être sporadiques ou se répéter durant toute la préparation des mesures gouvernementales qu'ils combattaient. Le nombre des participants y était très grand mais, en règle générale, leur participation se limitait cependant à la signature de pétitions ou à une présence à diverses manifestations de protestation.

L'exemple le plus connu est le Groupe 1925 (Gruppe 1925), un groupement très libre d'écrivains et d'artistes — avec entre autres Johannes R. Becher, Alfred Döblin, George Grosz, Walter Hasenclever, Bertolt Brecht, Rudolf Leonhard et Kurt Tucholsky — qui, dans les années 1926 et 1927, se réunissaient tous les mois au café *Alschäfsky* situé au 41 de la Ansbacherstrasse, puis à l'hôtel *Kaiserhof* de la Motzstrasse, afin de préparer des actions directes contre les mesures de censure adoptées par l'État, d'encourager les efforts faits par la presse et, enfin, de discuter de questions littéraires. Le groupe fut fondé en réponse aux poursuites dont la littérature de gauche fut l'objet à partir de la fin de l'année 1925. Par suite de l'interdiction qui frappa certains films et certaines pièces de théâtre, et des procédures judiciaires intentées pour blasphème, atteinte aux bonnes mœurs, crime contre la sûreté extérieure de l'État et haute trahison, on vit se former bientôt de nombreux autres groupes et comités, par exemple le Groupe de combat pour la liberté de pensée

(Kampfgemeinschaft für Geistesfreiheit) ou le Comité de lutte contre la Loi visant à protéger la jeunesse des écrits orduriers (Ausschuss zur Bekämpfung des Gesetzes zur Bewahrung der Jugend vor Schund-und Schmutzschriften).

La diversité des groupes que nous avons énumérés révèle à quel point les intérêts intellectuels, au milieu des années vingt, formaient un tableau complexe. «On ne peut parler de génération nouvelle succédant à celle des expressionnistes, il s'agissait plutôt d'individus isolés qu'aucun lien ne rattachait les uns aux autres.» Cette observation, faite par Becher, en 1927, peut sembler exagérée, mais elle montre bien cependant que, par comparaison à la période expressionniste, l'existence des écrivains dans les années vingt se caractérise par un retour à un individualisme ponctué d'initiatives isolées ou d'actions politiques de groupe. L'adhésion des membres à ces groupes et associations d'écrivains se faisait dans des buts tactiques très précis: actions politiques concrètes, objectifs idéologiques déterminés à l'avance ou intérêts professionnels pratiques et spécifiques. Le bénéfice qu'ils attendaient de leur participation était donc limité; ceci explique tant le manque de cohésion que l'absence de continuité.

Mais, malgré une participation limitée et fluctuante de leurs membres, ces comités constituèrent un excellent relais, capable d'influencer l'opinion publique chaque fois que des intérêts communs regroupaient les écrivains. Le meilleur exemple en est la participation des écrivains à la critique publique de l'appareil judiciaire sous la République.

Au cours des années vingt, les écrivains libéraux et socialistes se virent confrontés à un appareil judiciaire contrôlé principalement par ceux qui, avant la révolution de novembre, en avaient assuré l'administration pour le compte et dans l'esprit de l'autorité monarchique. Il manquait à la plupart des juges et procureurs en fonction une attitude positive face à l'ordre sociopolitique instauré selon les principes de la Constitution démocratique. Le caractère apolitique et l'impartialité de la justice étaient une fiction; les instances judiciaires se politisèrent; l'attitude antidémocratique de plusieurs juges et leur hostilité envers la gauche marquèrent dès lors la conduite des procès, influencèrent le choix du matériel juridique, l'appréciation des faits, l'interprétation des lois et l'arrêt des peines. Cet état de fait mena généralement à une partialité scandaleuse contre les forces de la gauche: ceci ressort clairement des statistiques que fit la critique socialiste et libérale des procédures et jugements rendus contre des groupes radicaux de la droite et de la gauche.

Les écrivains jouèrent un rôle important dans la critique publique de la justice telle qu'elle se pratiquait alors. Ni avant ni après cette époque on n'a vu autant de problèmes judiciaires devenir des sujets de littérature. Jamais le théâtre, le roman et la poésie ne s'étaient autant intéressés à la justice, au droit en général, à la mission de l'appareil judiciaire, à l'exécution des peines, aux procès célèbres. En outre, la plupart des auteurs se sentaient menacés dans l'exercice de leurs professions de journaliste et d'écrivain, par les pratiques judiciaires de la République de Weimar, soit que leurs publications les exposent directement ou indirectement à des poursuites judiciaires, soit qu'ils se solidarisent à leurs collègues, soit encore qu'ils se voient confrontés à des lois nouvelles ou anciennes visant à limiter leur liberté d'expression.

La liberté d'expression, tant orale qu'écrite, était garantie par la Constitution de Weimar. L'article 118 disait, entre autres:

> «Tout Allemand a le droit, à l'intérieur des limites imposées par la loi, d'exprimer librement son opinion, en paroles, par écrit, par l'image, dans des publications ou de quelque autre façon [...] aucune censure ne sera exercée.»

La clause restrictive «à l'intérieur des limites imposées par la loi» offrait cependant aux autorités la possibilité de prendre des mesures contre la publication ou la représentation de certaines œuvres littéraires et d'exercer ainsi un contrôle équivalent à une censure. La critique que les écrivains de l'époque adressaient à l'administration de la justice touchait donc aussi des intérêts professionnels. En coordonnant leurs aspirations avec celles d'organismes moins professionnels, telles la Ligue allemande pour les droits de l'homme (Deutsche Liga für Menschenrechte), l'Union des juges républicains (Republikanischer Richterbund) et l'Union allemande pour la paix (Deutsches Friedenskartell), ils mirent sur pied un vaste mouvement de protestation.

La querelle autour de la Loi contre l'avortement en est un bon exemple. Aucune disposition légale n'a été attaquée avec une telle compétence et un tel engagement par la littérature que l'article 218 du Code pénal. Dès 1920, l'article contre l'avortement avait été combattu par la presse de «nonsens barbare»; avec l'instauration de la République de Weimar, il avait été également le sujet de très vives discussions au Reichstag lors des débats sur la réforme du droit pénal. En 1928, parallèlement à la montée d'un vaste mouvement de protestation publique, la littérature s'empara du sujet. *Ton corps est à toi*, roman de Victor Margueritte paru en 1927 et traduit en allemand la même année, allait en fournir la devise. La Société pour la réforme sexuelle (Gesellschaft für Sexualreform) l'adopta pour une manifestation de protestation, le 14 février 1928, à la Chambre des pairs de Prusse à Berlin, au cours de laquelle politiciens, juristes et médecins se déclarèrent en faveur d'une réforme, voire même de l'abolition de l'article 218.

La même année avait lieu à Francfort la création de *Der Frauenarzt* (*Le Gynécologue*), une pièce de Hans José Rehfisch à laquelle succédèrent, dans les deux années suivantes, *Cyankali* (*Cyanure*) de Friedrich Wolf, *Art. 218 Gequälte Menschen* (*Art. 218, victimes de la souffrance*) de Carl Credé et *Die Ehe* (*Le Mariage*) de Döblin. Ces pièces d'actualité, qui entretenaient la polémique contre l'article sur l'avortement, reçurent un accueil enthousiaste du côté des protestataires, mais furent l'objet de mesures de répression de la part des autorités. *Cyankali*, le «drame de combat» de Wolf, fit scandale dans les théâtres de Bâle, Danzig, Munich et Varsovie; le film du même titre fut interdit à six reprises par la censure et fut chaque fois l'objet de nouvelles coupures. La pièce de Credé, *Art. 218 Gequälte Menschen*, fut interdite en Thuringe et en Bavière après que Piscator l'eut mise en scène à Berlin; en signe de protestation, le Comité de lutte contre la censure (Kampfausschuss gegen Zensur) répliqua en la présentant au théâtre Wallner de Berlin, le 18 août 1930. À Munich, la police annula les représentations de *Die Ehe* de Döblin. À la même époque, la Ligue allemande pour les droits de l'homme et le Comité pour l'abolition de l'article 218, dont faisait partie Carl Credé, mobilisaient les opposants à l'article sur l'avortement. Le roman s'empara du sujet avec *Gesetz, das tötet* (*La Loi qui tue*, 1930) de Frank Arnau et *Maria und der Paragraph* (*Marie et le Paragraphe*, 1931) de Franz Krey.

Grâce à leurs protestations, les écrivains eurent parfois gain de cause. Ainsi, en 1926, sans les protestations véhémentes des intellectuels et de leurs associations, il n'aurait pas été possible de présenter *Le Cuirassé Potemkine*; les déclarations, résolutions et pétitions adressées publiquement au gouvernement et au Reichstag apportèrent un amendement de la Loi visant à protéger la jeunesse des écrits orduriers, votée en décembre 1926, et la Ligue pour la défense des écrivains allemands (SDS) parvint à imposer, au moins pour la Prusse, la formation d'une commission des arts qui, à partir de 1924, fut dans l'obligation de consulter des experts avant d'accuser tout écrivain de trahison.

Les groupes et associations d'écrivains permirent donc aux auteurs de gagner certaines causes et de défendre leurs intérêts professionnels; plus encore, ils leurs donnèrent l'occasion de rencontrer et d'appuyer publiquement des politiciens, des juristes, des gens de la presse qui, dans leurs discours, articles et publications, faisaient une critique compétente de la législation et de l'administration de la justice. Les auteurs qui ont pris la justice de l'époque pour sujet de leurs œuvres avaient, c'est un fait, participé auparavant à la critique de la justice sous toutes ses formes. En d'autres mots, en plus de promouvoir les intérêts économiques et politiques que nous venons d'énumérer, les groupes et associations d'écrivains de cette époque ont mis les auteurs en contact étroit avec les réalités sociales et politiques de la République.

HELMUT MÜSSENER

Berlin — Stockholm — Berlin — et à nouveau Stockholm: Peter Weiss, l'apatride

Le titre de cette étude abrège de façon quelque peu irrévérencieuse une notice que Peter Weiss écrivait dans son journal en février 1963:

> «Berlin — Stockholm — Berlin — et à nouveau Stockholm, — j'ai loué un appartement à Berlin — dès que je suis à Stockholm, c'est comme s'il était irréel — arrivé à Berlin, je me suis efforcé de l'apprivoiser — ceci n'est possible que lorsqu'il s'imprègne d'une atmosphère de travail — c'est-à-dire de rétentions, sédiments et de tout ce qui s'y est accumulé depuis des dizaines d'années — Berlin restera provisoire — impossible de retourner maintenant — je ne sais si la confrontation avec la langue peut être utile — elle ne fait qu'accroître le désarroi, la solitude — existence de naufragé.» (bibl. 7, p. 110)

Berlin et Stockholm, deux villes parmi d'autres qui figurent dans l'œuvre de Peter Weiss, mais qui allaient occuper une place importante pour lui. C'est à Stockholm que Peter Weiss devait passer la plus grande partie de sa vie, soit plus de 50 ans, mais autant Stockholm que Berlin furent, tous deux, directement ou indirectement, sa principale source d'inspiration. Né le 8 novembre 1916 dans la banlieue de Berlin, il mourait à Stockholm, 65 ans et demi plus tard, le 10 mai 1982. Dans les années soixante et soixante-dix, il fit sans cesse la navette entre ces deux villes. Berlin, Stockholm, Berlin et à nouveau Stockholm, ce fut là le rythme des 20 dernières années de sa vie, au cours desquelles il écrivit ses plus grandes œuvres. Tout porte à croire que, dans les dernières années, la balance pencha définitivement pour Stockholm, mais, jusqu'à la fin, Berlin resta pour lui une alternative, l'unique alternative. Peu de temps avant sa mort, il en revint, une fois de plus; il y avait une fois de plus loué une résidence secondaire que seule sa mort rendit définitivement «irréelle».

Stockholm, au contraire, était et restait réel pour lui. C'est ici que vivait et travaillait sa femme, Gunilla Palmstierna-Weiss, céramiste et décoratrice de théâtre. C'est ici qu'habitaient ses enfants, dont une fille, Nadja, née en 1973, qui représentait pour lui «presque la valeur symbolique d'une nouvelle vie», comme il l'avoue à Burkhardt Lindner au cours d'une conversation (bibl. 8, p. 170). À Stockholm, il rencontrait ses amis, qu'il fréquentait depuis le milieu des années quarante. C'est ici qu'il a créé presque toutes ses œuvres, dans des ateliers spacieux qui étaient indispensables à son travail et qui étaient en effet «imprégnés d'une atmosphère de travail», donc de ces «rétentions, sédiments et tout ce qui s'y était accumulé depuis des dizaines d'années». Déménager dans un autre appartement ou un autre atelier, même à l'intérieur de Stockholm, était presque synonyme de catastrophe; son journal en parle à plusieurs reprises, ainsi que de ses nombreux démêlés avec les propriétaires.

Son atelier et son appartement lui offraient un refuge et étaient le point fixe dans son existence agitée. Ils offrirent les conditions préalables, «la condition» à toute son œuvre poétique et journalistique, au «travail méthodique, aux heures réservées à l'écriture, à la continuité» (bibl. 6, p. 775; 29.11.1978). Travailleur méthodique, soucieux et obsédé des sources, il mettait cette continuité au-dessus de tout: il fallait qu'elle prime tout le reste s'il voulait mener à terme son œuvre majeure, les trois tomes de *Ästhetik des Widerstands* (*Esthétique de la résistance*).

Si Peter Weiss ne pouvait ni s'installer dans une autre ville ni retourner à Berlin, c'est qu'il aimait la ville de Stockholm; il s'y était enraciné et ne pouvait envisager de la quitter définitivement. Dans ses œuvres littéraires, il décrit la ville, sa topographie, ses rues étroites, ses échappées de ciel toujours surprenantes, l'eau, les montagnes, avec la précision qu'il apporte dans ses films. Ses descriptions de Stockholm, ville dans laquelle lui-même ou ses héros se promènent ou remplissent quelque mission, comptent parmi les meilleurs portraits de cette ville, les plus raffinés aussi qu'on puisse trouver dans la littérature. Et s'il réagissait aussi fortement aux changements constants de l'aspect de la ville, c'est qu'il s'identifiait vraiment à Stockholm. Dans *Point de fuite* (*Fluchtpunkt*) déjà, il fait au cours des années soixante une rétrospective des années quarante:

> «Avec un recul de 20 ans, j'essaie de me représenter le Stockholm des premières années de guerre. Mais quand je cherche les chemins que nous prenions jadis ensemble, c'est l'image d'une ville nouvelle qui m'apparaît, d'une grosse ville en pleine croissance. En ce temps-là, il y avait encore des quartiers où restait sensible l'atmosphère du siècle dernier. Aujourd'hui, il n'y a plus guère d'immeubles dont la façade n'ait pas changé, pas une rue, une place qui réponde au souvenir.» (bibl. 2)

Les œuvres des 20 années suivantes sont marquées par la tristesse et par la nostalgie du passé presque lumineux de cette grande ville encore naissante où Peter Weiss, émigrant et artiste, trouva une certaine sécurité. Dans les deuxième et troisième tomes de *Ästhetik des Widerstands*, ce sont elles qui permettent à l'auteur de recréer ce «vieux» Stockholm, l'atmosphère idyllique de la ville entourée d'eau et de forêts, la capitale au charme provincial, comme il l'écrit au début du deuxième tome (bibl. 4). Il y projette ces sentiments proches de l'amour, ce souvenir onirique de Charlotte Bischoff, cette espionne passée à la résistance qui, en 1941, alors qu'elle se trouve sur le pont d'arrimage du *Ferm*, qui doit l'amener en Allemagne, compare encore une fois, une dernière fois, Stockholm au but menaçant qu'est Berlin, avant la traversée via le Kaiser-Wilhelm-Kanal. Nulle part, dans l'œuvre litté-raire et journalistique de Peter Weiss, on ne trouve de des-cription de Berlin comparable à celle-ci ou même à d'autres descriptions de Stockholm:

> «Stockholm. Jamais cette ville ne fut aussi aérée, aussi lumineuse, maintenant que la noirceur enve-loppait ses sens. C'était comme dans un rêve où des couleurs éclatantes surgissent de la nuit pro-fonde et où, à demi conscientes, les pensées se mettent à vagabonder: elle parcourut la ville insu-laire; la maison du marin lui apparut sur la rive sud, à côté de la tour de l'ascenseur; elle vit, de l'autre côté de l'eau, le bureau d'embauche de la Skeppsbro en face des bâtiments de la douane, à l'endroit où le petit traversier blanc à vapeur avançait parmi des nuées de mouettes en direction du jardin d'acclimatation.» (bibl. 5, p. 78)

Mais, comme en témoignent les nombreuses visites de Weiss au Bureau des archives de Stockholm, de même que les nombreux ouvrages sur Stockholm trouvés dans sa bibliothèque et les innombrables articles de journaux dont se compose sa documentation, le Stockholm qu'il essayait de retrouver, par le biais de recherches détaillées et quasi scientifiques, était un Stockholm révolu qui n'existait plus.

Le travail archéologique auquel il s'astreignait volon-tiers, il le mettait à profit pour traquer d'une haine acharnée les responsables chargés de transformer la ville en métropole moderne. Il ne cesse de les dénoncer dans son journal, men-tionnant à l'occasion leurs noms en toutes lettres. Ce sont eux «les fossoyeurs de Stockholm, ces jeunes architectes, urbanistes, conseillers municipaux et technocrates» (bibl. 6, 17.4.1978; p. 697) qui sont responsables «de l'assassinat de Stockholm, de la transformation du cœur de la ville en coffre-fort» (bibl. 6, 3.6.1972; p. 89). Ces passages font ressor-tir son attachement à une ville qui, dans son imagination, menace de devenir un lieu «habité d'automobiles, d'installations froides et inanimées et de bipèdes métalliques aux cerveaux programmables faisant penser de loin à des êtres humains» (bibl. 7, 5.11.1970; p. 830).

Cette vision, conjuguée à sa déception face à la transformation de Stockholm en métropole moderne, tempéra parfois son attachement et ébranla son enracinement, mais ces faits ne suffisent pas à expliquer qu'il ait pu envisager de s'installer à Berlin. Il faut plutôt chercher la raison dans le fait qu'il sentait son amour non partagé. Ce n'étaient pas la ville en tant que telle ni son climat qui le repoussaient et lui opposaient une froideur glaciale, mais ses intellectuels et son esprit bourgeois qui ne lui permettaient pas ou très peu de se sentir chez lui. La capitale suédoise l'avait rejeté en tant que peintre, cinéaste, écrivain suédois, ainsi il lui semblait dériver au large des courants culturels suédois. Dans son journal, il commente et décrit à de multiples reprises cette situation fatale. En repensant aux 20 premières années passées en Suède, il note, dès août 1962, ces mots qui semblent augurer son départ possible de Suède: «Pendant 20 ans, j'ai essayé de m'adapter ici; aujourd'hui, je suis entré dans la phase de sevrage, mais je ne sais encore où me diriger» (bibl. 7, 26.8.1962; p. 71). Et au mois de mai de l'année suivante, il cite ce que le journal conservateur bien connu *Swenska Dagbladet* avait écrit à son sujet: «Peter Weiss, le réfugié allemand établi en Suède» (mai 1963). Ceci semble l'avoir piqué au vif, surtout qu'il était naturalisé suédois depuis 1946 et qu'il se définissait lui-même comme «citoyen suédois d'expression allemande». Être un émigrant, et par le fait même un étranger, était donc une marque indélébile! Au cours de ces années, son isolement fut constant et sembla même augmenter. «J'habite ici sans aucun contact avec la littérature, avec l'art» (bibl. 7, p. 70), écrit-il au cours de l'été 1962, et, non sans raison, il pose cette question: «Mon travail s'adresse à d'autres. À qui?» Ainsi, privé de contacts, de public, il aspirait constamment à «respirer l'air du large» (bibl. 7, 15.7.1967; p. 547), à fuir l'étroitesse suédoise; il voulait intéresser le lecteur et le public, prendre part à un débat. En Suède, il n'en eut pas la possibilité. En 1978, 15 ans après les propos du journal précité, il est forcé de reconnaître: «En Suède, pays où je suis établi depuis 40 ans, je passe encore pour un produit exotique» (bibl. 6, 13.4.1978; p. 687).

Deux brefs extraits d'une correspondance entre Günter Grass et Peter Weiss pemettront de comprendre la raison de son amertume. En février, l'écrivain berlinois était venu à Stockholm pour une lecture, mais un concours de circonstances malheureuses fit qu'il ne put rencontrer son collègue de Stockholm. Peter Weiss rapporte une de ces circonstances dans une lettre datée du 14 février 1979. Il écrit, entre autres:

> «Les Bonniers [la maison d'édition suédoise bien connue qui n'éditait pas Weiss mais Grass] ne m'avaient pas invité à leur déjeuner de travail. Ces messieurs les éditeurs ignoraient tout de moi; ils n'étaient pas au courant de mon activité littéraire, et savaient encore moins que je sois établi en Suède. Exemple typique des rapports qui prévalent dans ce pays.»

Dans sa réponse, Günter Grass confirme cette remarque:

> «Je fus ulcéré quand, à Stockholm, force me fut de constater que les Bonniers, et autres personnes pensant faire partie du monde littéraire, faisaient si peu cas de toi.» (20.2.1979).

Aussi ne sera-t-on pas surpris que Peter Weiss, ce «produit exotique», ce «réfugié allemand établi en Suède», ait tenté à plusieurs reprises de retrouver la ville dans la banlieue de laquelle il était né (Nowawes à l'époque, aujourd'hui Neu-Babelsberg). Berlin devint la seule alternative; Berlin-Ouest autant que Berlin-Est, capitale de la R.D.A. le fascinèrent, l'attirant et le rejetant tour à tour.

Dès 1947, Peter Weiss y était retourné pour la première fois à titre de correspondant d'un quotidien suédois et y avait séjourné pendant environ un mois et demi. Durant ce séjour, il ne produisit finalement que cinq articles, dans lesquels il décrivit surtout la détresse de la ville, symbole de la détresse d'une Allemagne vaincue, et il ne se soucia guère d'y apporter un peu de couleur locale ou de décrire la ville.

Dans les œuvres qui ont suivi, on ne trouve guère de descriptions détaillées de Berlin non plus. Parce qu'il connaît la vie de l'auteur, le lecteur comprend qu'il est question de cette ville dans le roman autobiographique *Abschied von den Eltern* (*Adieu aux parents*, bibl. 1). Ainsi, la façon dont le narrateur évoque ses souvenirs est très stylisée:

> «Je voyais devant moi les avenues longues et larges, les maisons gigantesques portées par des esclaves de pierre ployant sous le fardeau, les châteaux, les musées, les monuments et les tours, les métros aériens sur leurs ponts et les métros souterrains avec leur cohue et leurs panneaux-réclames.» (bibl. 1; p. 53)

Mais là s'arrête déjà cette description de Berlin, même si une note écrite dans son journal en septembre 1960, alors qu'il travaillait au roman, révèle avec quelle précision l'auteur cherche tout de même à reconstruire son passé:

> «J'ai devant moi une carte des environs de ma maison natale à Nowawes près de Berlin. Région divisée en lieux-dits: Der Saupfuhl, die Teufelswiese, der Totschlag.» (bibl. 7, 15.9.1960; p. 35).

Cette rigueur, presque scientifique, avec laquelle il documente toutes ses œuvres, pièces de théâtre autant que romans, se retrouve également dans les recherches très détaillées qu'il fait pour les trois tomes de *Ästhetik des Widerstands* et dont nous ne pourrons parler ici.

Soit dit en passant, à sa mort, deux très grands plans de la ville de Berlin datant des années trente et quarante occupaient encore la moitié d'un pan de mur de son atelier, de sorte que, même à Stockholm, Berlin constituait son entourage. Les plans de la ville devaient précisément remplacer ce qui n'avait jamais été et ne serait plus gravé dans sa mémoire, car le Berlin d'avant-guerre, que Peter Weiss connaissait, avait été à ce point ravagé par la guerre et transformé par sa reconstruction que seuls les noms de rues inscrits sur les plans de la ville pouvaient rappeler à l'auteur le Berlin qui avait existé dans un passé désormais révolu.

Nulle part, chez Peter Weiss, on ne trouve une description de Berlin comparable aux descriptions de Stockholm, la ville qui lui est familière; nulle part, on n'y retrouvera cette même intensité de l'expérience vécue. Le Berlin d'après 1933 est peint en grisaille et seule l'énumération, fidèle au plan de la ville, des rues et des places où passent et marchent les héros de *Ästhetik des Widerstands*, indique qu'il s'agit de Berlin. Même le narrateur, et donc l'auteur aussi, semble être conscient du dilemme que pose le manque de clarté lorsqu'il est question de la ville à l'aspect «kaléidoscopique» et de la difficulté de la décrire. Il capitule devant la tâche de décrire «le cœur de la ville dont même un Döblin, un Buttmann, n'ont donné qu'une vague idée» (bibl. 5; p. 117), vu qu'il n'y a personnellement jamais vécu. En guise d'excuse, il ajoute: «En errant parmi les rues et les places de chaque quartier, on ne pouvait saisir que les petits détails de ce monde, jamais son ensemble.» Mais de ce manque, l'auteur fait un principe, de sorte qu'il n'est finalement qu'apparent. En effet, dans *Ästhetik des Widerstands*, il ne parle de cette ville, autrefois capitale du Reich, qu'en termes de ville infernale, ville d'Hadès, où ni l'idylle à la Heinrich Zille, ni les grandes échappées, ni la vue imprenable du haut de l'émetteur n'ont de rôle à jouer, mais où règnent l'obscurité, la noirceur, l'inexprimable. Les héros se déplacent dans un pays hostile dans lequel il s'agit de survivre et non de vivre: «Cette ville n'était que broussailles, avec des taillis, des trappes, des pièges.» (bibl. 5; p. 176) Le 8 novembre 1979, jour de son 63e anniversaire, Peter Weiss note dans son journal une réflexion brève et laconique: «Berlin: la ville de Dis» (bibl. 6; p. 867), et cette identification de la ville avec l'enfer revient, un peu plus tard, en janvier 1980: «Le chapitre final de la première partie (tome 3) ressemble au huitième chant de l'Enfer. Le voyage vers la ville de Dis.» (bibl. 6; p. 875)

L'important, pour Peter Weiss, n'était pas de décrire l'aspect extérieur de cette ville de Dis, cette ville de Berlin qu'il ne connaissait pas et qu'il ne voulait ou ne pouvait plus reconstruire, mais de décrire une minorité de justes aux prises avec cet enfer, de montrer leur combat contre tous les impies et de faire revivre leurs derniers instants, ce qu'il fit avec la plus grande exactitude sans pour autant renoncer à son imagination et à son intuition. Grâce à cette imagination et à ce souci, à cette obsession même du détail, Peter Weiss a écrit ici quelques-uns des passages qui, par leur densité et la qualité de la langue, comptent parmi les plus belles pages de la littérature allemande d'après-guerre. On y trouve, entre autres, une description de Berlin dans laquelle, non content de créer une topographie telle qu'on croit pouvoir y suivre pas à pas les héros Coppi, Heilmann et Bischoff, l'auteur va, grâce au pouvoir évocateur de son écriture, donner une image saisissante de l'enfer qui régnait à Berlin en 1942 (bibl. 5).

Mais les descriptions de Berlin par Peter Weiss s'arrêtent à la représentation, saisissante certes, de la fuite des trois résistants à travers Berlin en flammes, à travers la ville infernale de Dis. Nulle part, dans ces descriptions, cette ville n'est-elle dépeinte ou reconstruite avec autant de pittoresque et de détails que Stockholm.

Peter Weiss ne semble jamais avoir eu d'affinité pour la grande ville de Berlin et ses changements; ceci ne saurait donc nous éclairer sur les raisons de son hésitation continuelle entre Stockholm et Berlin. Ces raisons sont d'une tout autre nature. Berlin semble plutôt lui offrir tout ce dont il devait manquer à Stockholm et qui, au sens abstrait comme au sens concret, constitue la patrie d'un écrivain, à savoir la proximité de son principal outil, la langue, les débats qui se mènent dans cette langue, le public, l'appréciation et la critique, la réussite matérielle. Berlin, le Berlin divisé en Est et en Ouest, devient le pôle opposé à Stockholm quand, grâce à sa plume, il semble y prendre pied au début des années soixante. La preuve en est que, au milieu des années soixante, il devient membre des deux Académies des arts, à Berlin-Ouest comme à Berlin-Est. Lors de la création de *Marat* au Schiller-Theater de Berlin-Ouest — point de départ de sa marche triomphale autour du monde —, il connaît son premier grand succès et voit en 1965 sa pièce *L'Instruction*

(*Ermittlung*) jouée le même jour à la Volksbühne de Berlin-Ouest, dans une mise en scène d'Erwin Piscator, et à la Volkskammer de la R.D.A. à Berlin-Est. Dès lors, Berlin est effectivement l'alternative à Stockholm, mais la ville — pas plus que ses représentants — ne semble pas intéressée à l'héberger dans ses murs. Si on en croit l'auteur, elle se montre plutôt réservée et ne lui rend pas sa sympathie, du moins officiellement, ou bien elle y met des conditions, comme le fait indirectement Berlin-Est.

À Berlin également, dès le début des années soixante, l'auteur semble avoir été pris entre deux pôles; ses tentatives de s'y établir avec une autre fonction que celle d'écrivain vont échouer: ainsi, en février-mars 1964, l'offre de prendre la direction artistique de la future Académie du film de Berlin-Ouest ne se concrétise pas en raison de conflits réels ou pressentis quant à l'attribution des différentes fonctions administratives, à moins que l'artiste ne l'ait lui-même déclinée parce qu'il répugnait à s'engager dans un domaine contrôlé par la bureaucratie, comme il l'avoue d'ailleurs dans une lettre non datée qu'il adresse à Walter Höllerer au printemps 1964: «Je savais qu'elle [l'Académie] détruirait en moi l'auteur.» De même, une toute dernière tentative de trouver un poste à Berlin, en novembre 1971, reste infructueuse. Il cherche en effet «des possibilités de rester à Berlin. L'architecte Thürmer m'accompagne à l'École supérieure des arts plastiques pour discuter d'un poste de professeur.» (bibl. 6, 2.11.1971; p. 16) Pour une raison qui reste obscure, ces projets ne semblent pas avoir eu de suite. Cette notice dans son journal prouve qu'il ne cessait d'envisager de s'établir à Berlin.

Mais des problèmes d'ordre purement pratique, comme le fait de trouver un appartement suffisamment grand, semblent avoir contribué en grande partie au fait que «le retour à Berlin n'était plus possible», que «Berlin restera provisoire». Il parle clairement de ses difficultés à Walter Höllerer dans cette même lettre qu'il écrit au printemps 1964. Ici, Peter Weiss se plaint en termes clairs: «Je n'ai jamais vraiment pu prendre pied à Berlin parce que les circonstances extérieures d'alors étaient toujours trop démoralisantes.»

Une fois de plus la seule alternative est de regagner Stockholm et sa sécurité relative: «À Stockholm, nous avons tout ce qu'il nous faut, un toit, une place pour travailler, etc.» Peter Weiss regrette profondément cette contrainte extérieure qui le force à se retirer: «Dommage que Berlin exerce une telle contrainte sur les âmes et que nous n'ayons pu nous y faire une place dans la tranquillité et la sérénité.» Dans cette même lettre, Peter Weiss exprime un reproche qu'il ne fut pas le seul à émettre et qui pourrait être celui de toute une génération d'artistes et d'écrivains expulsés:

> «Ici, à Berlin, on entend dire que les émigrés devraient revenir et qu'on devrait tout faire pour faciliter leur retour, ce qui fait tout reposer sur mon engagement personnel.»

Une autre lettre, datée de décembre 1964, montre à quel point tout dépend effectivement de son engagement personnel. Dans cette lettre, Uwe Johnson décrit les difficultés qu'il rencontre à louer un appartement pour le couple Weiss. Pour terminer, il fait à Peter Weiss cette recommandation dont le sérieux n'est pas à mettre en doute. Voilà ce à quoi un écrivain, même reconnu comme Peter Weiss, devait s'attendre dans une métropole comme Berlin, lorsqu'il s'agissait d'exercer sa profession, d'avoir un appartement, son bureau et son matériel de travail:

> «Pour votre visite, je vous recommanderais d'avoir une tenue tout à fait bourgeoise, car cela ne leur [les représentants de la société immobilière] a pas encore suffi que, pendant une heure et demie, je fasse l'éloge de votre solvabilité, de votre tranquillité, de votre bienveillance. C'est encore votre profession qui parle contre vous.» (Uwe Johnson à Peter Weiss; 12.12.1964)

Personne ne s'étonnera que Peter Weiss ait finalement renoncé à louer cet appartement. Ce qui surprend, au contraire, c'est que, malgré ces échecs et d'autres encore, il ait continué de s'intéresser à Berlin et qu'il ait si souvent songé à s'y réinstaller. Berlin était et restait pour lui la ville du nécessaire échange d'idées avec des amis et des connaissances, comme il l'a écrit souvent dans son journal. Mais il s'identifie surtout au mouvement Viêt-nam de Berlin et aux révoltes étudiantes que ce mouvement a engendrées au cours de ces années-là. Vu de l'extérieur, il devient même un des gourous de cette génération; il marche bras dessus, bras dessous avec Rudi Dutschke sur le Kurfürstendamm et prend part aux célèbres *teach-in* et *sit-in* dans le plus grand amphithéâtre de l'Université Libre. Le 17 février 1968, il écrit qu'il s'est présenté sur la scène du grand congrès Viêt-nam à titre d'orateur et dresse une liste des orateurs présents: «Dutschke, Salvatore, Nirumand, Fried, Anders, Mandel, Wulf, Krahl, Amend, Mahler.» (bibl. 7; p. 570)

Il a le sentiment d'appartenir enfin à une collectivité et il écrit: «Tout reprend son cours. Et puis cette marche de solidarité à travers les rues, parfois même cette course, bras dessus, bras dessous...» Quelques mois plus tard, en décembre 1968, il parle avec bonheur de la nouvelle solidarité berlinoise avec les groupes de l'Association socialiste des étudiants allemands (SDS, Sozialistischer Deutscher Studentenbund), à laquelle il s'affilie: «Être à nouveau dans un groupe, écouter, ne pas parler, ne pas être le plus vieux, m'effacer complètement.» (bibl. 7, 9.12.1968; p. 613) Mais cette solidarité, ce sentiment d'appartenance à un groupe, ne sont qu'une des facettes de Berlin car cet enthousiasme côtoie, chez Peter Weiss, un grand scepticisme envers ses amis politiques. Une fois de plus, il ne se sent pas intégré et confie à son journal: «Je constate à nouveau que je viens d'ailleurs.» (bibl. 7, 23.11.1968; p. 603). Ainsi, on n'est guère surpris que, dans sa rétrospective de cette année 1968 excitante, chaotique, au cours de laquelle tant de choses semblaient le captiver, ce soit la résignation qui domine. L'opposition Berlin-Stockholm refait surface; à nouveau, la capitale suédoise lui semble être le seul lieu de refuge imaginable après l'échec de sa collaboration avec la Schaubühne de Berlin-Ouest, avec le Berliner Ensemble de Berlin-Est et avec un groupe de théâtre du SDS. À la fin de l'année, le 31 décembre 1968, Peter Weiss écrit:

«Aucun avenir à Berlin; court voyage à Stockholm
pour réfléchir, reprendre conscience — retrouvé un
début de paix intérieure — ensuite regagné Berlin
immédiatement.» (bibl. 7, 31.12.68; p. 617)

Mais les relations qu'il avait nouées au cours de ces
années soixante n'en cessèrent pas pour autant. Peter Weiss
demeura une «personnalité littéraire» pour les jeunes auprès
desquels ses propos «avaient du poids», comme le lui con-
firmait Hans Werner Richter dès 1965 (Hans Werner Richter
à Peter Weiss, 28.1.1965). Il continue à recevoir des invita-
tions de la part de regroupements étudiants à venir faire des
lectures ou travailler avec eux. Ainsi, le mouvement de
gauche berlinois Volksuni (université populaire), fondé en
1980, souhaiterait se mettre sous son égide. Ce mouvement
lui fait part de ses projets en février 1980:

«La Volksuni fonctionnera pour la première fois à
la Pentecôte. L'essentiel, c'est d'essayer de rapprocher les forces ouvrières, scientifiques et culturelles, de nouer des contacts et donner de nouvelles
impulsions.» (Volksuni à Peter Weiss, 5.2.1980)

Cette déclaration d'intention se termine sur une phrase
qui confirme l'importance de Peter Weiss pour ce groupe:

«L'*Esthétique de la résistance* va figurer au programme. En 1981, cet ouvrage deviendra même
l'élément essentiel de la prochaine Volksuni, dont
le slogan sera: Apprendre de l'histoire, apprendre à
vivre.» (Volksuni à Peter Weiss, 26.2.1981)

S'il est attiré par cette ville divisée au cœur de l'Allemagne, ce n'est pas uniquement en raison de ses contacts
avec les milieux de la gauche syndicale et étudiante formant
une communauté à Berlin, ce n'est pas non plus en raison de
la vie intellectuelle et de la possibilité d'échanger des idées,
mais plutôt en raison de ses contacts avec l'autre partie de la
ville. C'est là, en effet, que vivent ses plus proches amis, tels
Christa et Gerhard Wolf, Konrad Wolf, défunt président de

l'Académie des arts de la R.D.A., et Stephan Hermlin, dont il est fréquemment l'invité. Dans son journal, les noms de ses amis font figure d'interlocuteurs importants dans ce Berlin divisé. Avec eux, Peter Weiss peut discuter d'égal à égal en toute franchise. Ils comprennent ses principes idéologiques, quand ils ne vont pas jusqu'à les partager; ils ont une grande importance pour son développement idéologique et artistique. Parmi ces amis qu'il rencontre à Berlin ou à Rostock, il y a également Manfred Haiduk, critique de théâtre à Rostock que Peter Weiss apprécie comme son «exégète qui comprend la continuité de son œuvre» et comme «collaborateur incomparable» (bibl. 7, 26.3.1965; p. 354), et il y a, enfin et surtout, Hans Perten, directeur de théâtre à Rostock et à Berlin. La mise en scène de *Marat* en 1965 devint comme on sait une révélation pour le représentant du «troisième point de vue». Par la suite, il ne cesse de prôner la «collaboration étroite entre auteur et metteur en scène», admire tout simplement le travail créatif du metteur en scène ... d'unir l'art et la science» (bibl. 7, novembre 1976; p. 637).

Quand il décrit ses conversations avec ses interlocuteurs, on est frappé par une constante, celle d'une solidarité avec ses amis idéologiques et personnels. À propos de cette solidarité, il écrit: «...décrire ces conversations avec mes proches amis, dans une continuité qui date de plus de 10 ans» (bibl. 6, 26.4.1976; p. 569). Selon lui, il y est perçu d'une façon qui lui manque à l'Ouest: «Dans l'Allemagne socialiste, le travail d'écrivain ... est pris plus au sérieux que dans l'Allemagne de l'économie privée.» (bibl. 6, 11.11.1977; p. 639). Ainsi, il note avec précision, et non sans une certaine fierté, à quel point les autorités gouvernementales se préoccupent de lui et combien on s'efforce d'éliminer les différends avec le parti d'État, garant du «socialisme réel», le SED (Parti socialiste unifié), et avec le gouvernement de la R.D.A. Les fonctionnaires Hager, Abusch, Kurella, Girnus et Gysi, ainsi que l'élite de la politique culturelle est-allemande, ont avec lui des conversations qui seront consignées dans des procès-verbaux, comme il le note dans son journal. Ils abordent non seulement des cas d'espèce comme ceux des dissidents Havemann, Huchel et Biermann, que Peter Weiss a toujours essayé d'aider, mais ils discutent aussi «des conditions de principe pour la recherche et l'activité artistique» (bibl. 7, 7.9.1976; p. 816). Il ressort que, dans le domaine de la politique culturelle, il ne parvenait pas à s'entendre avec les représentants de la doctrine officielle du parti. Ses efforts pour s'entendre avec les représentants officiels échouèrent généralement à cause de la notion de parti au sens léniniste: «Au lieu d'encourager la création, on y privilégiait la baguette du maître d'école.» Peter Weiss avait eu l'occasion d'apprendre qui, en R.D.A. avait le dernier mot; après qu'il eut commencé à travailler à la pièce *Trotzki*, début 1969, l'auteur fut mis en quarantaine. Cette quarantaine atteignit son comble au moment même où elle allait s'achever, en novembre 1971: après l'avoir fait attendre pendant une heure et demie à la gare frontière de Friedrichstrasse, on lui fit savoir qu'«on ne désirait plus sa présence en R.D.A.» (bibl. 6, 24.11.1971; p. 24). Mais cette mesure fut levée dès le lendemain. L'humiliation qu'elle avait sucitée serait plus longue à oublier. Il est vrai qu'une nouvelle rencontre au sommet avec Abusch et Hager n'aboutit à aucune entente, car Peter Weiss refusa de désavouer sa pièce *Trotzki*. Mais il écrit avec satisfaction que: «La conversation n'était pas empreinte d'animosité.» Comme on peut le constater une fois de plus, l'auteur fait passer la continuité de son travail avant toute autre chose.

Après son expulsion, quand il se demande, avec ses amis, s'il faut «refuser toute forme de collaboration», il répond par la négative (bibl. 6, 16.12.1977; p. 660). Rompre toute relation, c'eut été «trahir des amis avec lesquels il existe une collaboration comme il n'en avait connu nulle part ailleurs».

Ces antagonismes furent toutefois aussi profitables à son œuvre que le fut le partage de Berlin, ce Berlin qui «a le plus souffert du partage de l'Allemagne» (bibl. 6, 11.11.1977; p. 634). Le même jour, à propos de sa ville natale, il écrit:

> «Ayant grandi dans l'ancienne capitale qui, plus tard, devint deux villes, reniant la langue puis l'utilisant à nouveau comme instrument de travail, j'ai appris à vivre avec la dialectique.»

Et cette réflexion dialectique, très symptomatique, revient six mois plus tard. Cette fois, elle porte sur toute l'Allemagne: «Ce pays m'a enseigné la dialectique. Tout ce qui me lie à l'Allemagne se place sous le signe de l'antagonisme.» (bibl. 6, 13.4.1978; p. 686). Dialectique et antagonismes variaient et avaient des pôles différents, mais thèses et antithèses ne cessaient de s'opposer, rendant toute synthèse impossible. Au marxisme utopique et idéaliste de Peter Weiss, s'opposaient le socialisme «réel» et la politique culturelle des Abusch et Hager. En face de l'économie libre de marché et d'un État qui tolérait la littérature critique et rendait la vie possible à l'auteur Peter Weiss, il y avait un État dans lequel cette critique sociale et l'interprétation de toute l'histoire commune étaient censurées. «Dans la confrontation continuelle des deux États allemands» (bibl. 6, 11.11.1977; p. 637), il subissait «deux genres différents de répression: la premiere ... motivée par des considérations de profit, l'autre par des dogmes idéologiques» (bibl. 6, 9.9.1971; p. 9). Peter Weiss a vécu de très près, quoique de l'extérieur, «la schizophrénie allemande» (bibl. 6., 20.1.1978; p. 654). À titre d'«écrivain suédois d'expression allemande», il a eu «la seule relation possible avec ce pays divisé: une relation ambiguë» (11.11.1977; p. 642).

Berlin-Est et Berlin-Ouest se font face comme des protagonistes que seul un mur sépare. Cette ville divisée était le point de cristallisation de ses sentiments, le point de départ de ses réflexions. Comme dans un miroir, tous les problèmes liés au partage et aux idéologies y convergeaient pour être reflétés ensuite par celui qui en était témoin. Berlin, dans lequel Peter Weiss ne voyait qu'une ville, était à nouveau confronté à Stockholm. Si l'un lui promettait refuge, temps d'arrêt, souvenir personnel, amis, vie privée et famille, l'autre lui promettait agitation, stimulation, créativité, disponibilité au dialogue, langue, débat, internationalité et public. Jusqu'à la fin de sa vie, Peter Weiss fut incapable de faire un choix entre ces deux pôles. Lui-même ne se voyait «condamné ni à l'un ni à l'autre ... constamment dans un processus dialectique, ne considérant rien comme définitif, remettant tout en question» (bibl. 6, 10.11.1977; p. 630). Il n'était que trop conscient de l'importance de ce processus pour sa propre création; il écrit dans son journal, en avril 1977:

> «Ne penser qu'en termes d'antagonismes [...] être indécis dans le travail [...] revenir ici et partir là-bas [...] constituent mon mobile, celui qui engendre tout mon travail.» (bibl. 7, 4.4.1971; p. 850)

Cette fébrilité peut effectivement avoir été le mobile de l'écrivain Peter Weiss, lui qui puisait et devait toujours puiser des stimulations nouvelles dans Berlin divisé, mais cette fébrilité était et est aussi symbolique du destin tout à fait personnel d'un émigrant, d'un réfugié de l'Allemagne hitlérienne. Le 23 novembre 1968, soit 15 jours après son 52e anniversaire, alors qu'il se trouve à Berlin qui connaît les révoltes incessantes des étudiants et les débats à propos du Viêt-nam, il nous dit, en parlant de l'émigration, de Berlin, de Stockholm, ce qui, dans sa vie, fut provisoire et ce qui fut constant sans jamais remplacer une patrie:

> «Mais tout cela n'était peut-être que la tentative de surmonter l'émigration. Un peu tard. Ou même trop tard. À l'arrière-plan, il y a autre chose. Je m'adonne à des constructions — quand les constructions s'écroulent, je revois mon atelier dans le vieux Stockholm. Je vois la grande pièce avec vue sur Söder. L'escalier raide qui mène à l'étage — les pilastres.» (bibl. 7, 23.11.1968; p. 607)

Bibliographie

Référence des textes non publiés: Peter Weiss-Archiv der Akademie der Künste in Berlin/West (Archives Peter Weiss, Académie des arts à Berlin-Ouest)

1. Weiss, Peter. *Abschied von den Eltern*, Francfort, 1961 et édition Suhrkamp, Francfort, 1964.

2. Weiss, Peter. *Point de fuite* (*Fluchtpunkt*), trad. J. Baudrillard, Le Seuil, 1964.

3. Weiss, Peter. *Die Ästhetik des Widerstands*, Roman. Tome 1, Francfort, 1975.

4. Weiss, Peter. *Die Ästhetik des Widerstands*, Tome 2, Francfort, 1978.

5. Weiss, Peter. *Die Ästhetik des Widerstands*, Tome 3, Francfort, 1981.

6. Weiss, Peter. *Notizbücher 1971-1980*, deux tomes, Francfort, 1981.

7. Weiss, Peter. *Notizbücher 1960-1971*, deux tomes, Francfort, 1982.

8. Götze, Karl-Heinz/Scherpe, Klaus R. (Herausgeber). *Die Ästhetik des Widerstands lesen. Über Peter Weiss* (*Lecture de L'Esthétique de la résistance. Au sujet de Peter Weiss*), Berlin, 1981. Entre autres, Peter Weiss s'entretient avec Burkhardt Lindner: *Zwischen Pergamon und Plötzensee oder die andere Darstellung der Verläufe*, p. 150-173.

HERBERT WIESNER

Littérature et criminalité:
les hors-la-loi
des années vingt et trente

Il ne sera question ici ni de violeurs, ni de bagarreurs, ni de fraudeurs, pas plus que de pyromanes ou de trafiquants de chevaux, de voleurs ou de braconniers. Ce sont là des criminels comme on en trouve dans les œuvres de Ludwig Thoma, d'Oskar Maria Graf ou de Franz Xaver Kroetz. Il ne sera pas question non plus de nature quelle qu'elle soit. Nous évoluerons sur l'asphalte de la métropole, où nous rencontrerons des chevaliers d'industrie, des cambrioleurs rusés, des violeurs qui assassinent froidement leurs victimes, un androgyne auteur de meurtres en série, en un mot ces personnages populaires dans les années vingt et trente, et je parlerai de l'intérêt qu'ont suscité ces crimes auprès des écrivains de l'époque. Je ne retiendrai donc que les cas authentiques qui, pour le moment du moins, me semblent plus importants que les cas fictifs. Mon intention n'est pas de donner ici le résultat définitif de mes recherches; je me contenterai de communiquer quelques observations et découvertes qu'il m'a été donné de faire lors de l'organisation et de la préparation d'un programme destiné à la Maison de la littérature à Berlin. Ces observations pourront paraître incohérentes; une certaine cohérence se dégage cependant lorsqu'on les regarde sous l'angle des transformations qu'ont enregistrées l'histoire de l'époque, celle de sa littérature et celle de sa justice lors du passage de la République de Weimar au national-socialisme.

Lorsque, en 1979, l'historien de la littérature Klaus-Peter Hinze demanda à Hans Werner Richter s'il avait connaissance d'un certain Groupe 1925, celui-ci répondit:

> «Je ne connais pas de Groupe 25 dans les années vingt. Le Groupe 47 n'en savait rien non plus, pas plus que les germanistes et historiens de la littérature membres de ce groupe. Pour ma part, je ne crois pas qu'un tel groupe ait existé. J'en aurais entendu parler.»

Depuis la publication — en 1981, chez Carl Winter à Heidelberg — du travail de Klaus Petersen sur cette association berlinoise d'écrivains, on en sait davantage sur le Groupe 1925. Il s'agissait d'un groupement d'auteurs plus ou moins liés par des sentiments d'amitié et appartenant à la gauche bourgeoise et à la gauche radicale. Ils se disaient *geistesrevolutionär* (révolutionnaires de l'esprit), pour reprendre l'expression favorite de Heinrich Mann, et mirent au point des stratagèmes pour lutter contre la censure et la confiscation d'œuvres littéraires, mesures qui, en 1924 et 1925, devinrent de plus en plus inquiétantes. Johannes R. Becher, Ernst Bloch, Bertolt Brecht, Alfred Döblin, Willy Haas, Robert Musil et Joseph Roth faisaient partie du groupe. Ils se réunissaient dans l'arrière-salle du café *Alschäfsky*, au 41 de la Ansbacher Strasse.

Klaus Petersen nous parle bien du procès intenté par la censure à Becher pour son roman sur l'utilisation des gaz toxiques comme arme de guerre. Selon Petersen, ce procès pour incitation à la trahison fut l'un des plus spectaculaires dont le groupe eut à s'occuper. Dès 1925, on avait d'ailleurs arrêté Becher. En 1926, paraissait son roman accompagné du célèbre montage de John Heartfield. Petersen fait aussi mention d'autres livres, d'autres cas, mais je ne comprends pas pourquoi la collection la plus intéressante de 1925 n'apparaît pas dans la littérature portant sur le Groupe 1925.

Je veux parler des 14 volumes de la série *Aussenseiter der Gesellschaft. Die Verbrechen der Gegenwart* (Les marginaux de la société. Les crimes de notre époque), publiée par Rudolf Leonhard aux éditions Die Schmiede, à Berlin. À l'époque, Rudolf Leonhard travaillait comme lecteur pour cette maison d'édition; il était le fondateur et, pour ainsi dire, le secrétaire du groupe. Alfred Döblin en fut le véritable instigateur jusqu'à sa dissolution en 1927; il écrivit la première étude de cas, publiée dans la collection de Leonhard: *Die beiden Freundinnen und ihr Giftmord* (*Les deux amies et leur meurtre*).

Deux femmes, Elli Link et Margarete Bende, éprouvent de l'amour l'une pour l'autre. Elles vont avoir recours à l'arsenic pour se débarrasser d'un mari qui tyrannise toute la maison. Döblin s'y connaissait: la thèse de doctorat qu'il avait soutenue en 1905 portait sur la psychose de Korsakow, caractérisée par des troubles graves de mémoire pouvant être occasionnés par un empoisonnement à l'arsenic.

Je me permettrai ici une digression pour parler de Peter Paul Althaus. Originaire de Münster, cet habitué de Schwabing avait aussi une adresse berlinoise, que l'on retrouve dans le *Schriftsteller-Verzeichnis der Reichsschrifttumskammer* (Bottin des écrivains de la Chambre des écrivains du Reich) de 1942 et dans le *Kürschner* de 1943. La raison en était la suivante: en 1933, l'auteur de la symphonie poétique *Das vierte Reich* (Le IVe Reich), datant de 1928 et dédiée à Albert Einstein, s'était attiré l'attention bienveillante du IIIe Reich par une pièce radiophonique bien allemande sur Jean-Sebastien Bach. En 1939, il devenait, sous l'intendance de Götz Otto Stoffregen, dramaturge en chef de l'émetteur allemand de la radio du Reich qui, conformément au *Führerprinzip*, venait de passer sous l'autorité immédiate du ministère de la Propagande. En 1941, Althaus était à nouveau écarté: il n'était pas fiable. Cet intermède berlinois n'en reste pas moins gênant.

En 1924, ce même apothicaire de province qui s'adonnait à l'écriture réussissait un coup macabre qui ne devait pas se répéter. Il écrivait une vingtaine de poèmes, réunis sous le titre de *Jack der Aufschlitzer* (*Jack l'éventreur*), qu'il faisait accepter par la maison d'édition berlinoise d'Elena

Gottschalk. Un an plus tard, cette même maison d'édition sortait, toujours avec une jaquette de Hans Bellmer, la *Tigerin* (*La tigresse*) de Walter Serner et un quatrième volume de la série des *Tolle Bücher* (*Histoires insensées*): *Der Pfiff um die Ecke* (*Le coup de sifflet en coin*). À cause surtout des illustrations de Rudolf Schlichter, le petit opuscule *Jack de Aufschlitzer* fut frappé d'interdiction dès sa parution; il est aujourd'hui introuvable, tout comme les premières éditions de Walter Serner d'ailleurs. On interdit aussi *Der Pfiff um die Ecke*; ce livre est dédié à Dorothée Herz, une «Berlinoise sympathique et de belle apparence» avec laquelle Serner fut déporté de Prague à Theresienstadt, au moment même où Peter Paul Althaus fut relevé de ses fonctions de dramaturge en chef de la radio du Reich.

De Peter Paul Althaus, je citerai un passage, extrait du volume *Jack der Aufschlitzer*, que j'ai réédité en 1982 aux éditions Klaus G. Renner:

Dilettantes

Hier, un type est venu chez moi,
il palabrait sur l'extermination des médiocres,
et j'étais l'homme qu'il leur faut pour cette besogne,
puis il m'a tendu une liste,
tout ce monde-là devait disparaître dans l'intérêt général.
En quoi ça me regarde l'intérêt et la médiocrité?
Cette charogne-là voulait me faire de la concurrence!
Est-ce que j'ai jamais montré une liste à personne, moi?
L'homme du monde savoure en silence.

Jack aspire à la gloire littéraire et à l'immortalité, mais il reste fidèle aux pratiques des professionnels. Il rejette les dilettantes du crime patronné par l'État, les considérant comme des concurrents déloyaux et inexpérimentés (nous ne sommes qu'en 1924). Jack s'y connaît en coups de couteau bien placés: c'est une affaire de vague impulsion; il faut sanctifier le dimanche et faire patienter les victimes jusqu'au lendemain. Ne te presse surtout pas, ton tour viendra. La technique parfaite avec laquelle Jack manie le couteau transparaît également dans le poème: la moindre maladresse, le moindre attendrissement sont calculés avec un grand raffinement.

Ainsi, dans ces poèmes, Peter Althaus expose allègrement au souffle mordant de son style tous les immondices imaginables. C'est ce qui permet, toutes proportions gardées, de rapprocher les poèmes de jeunesse de Peter Paul Althaus des histoires de crimes de Serner. Y a-t-il métier plus indépendant et plus intègre que celui du crime quand il est exercé avec élégance, surtout si nous le comparons aux bassesses larvées du citoyen de classe moyenne qui sera acculé un jour, parce que la majorité en aura décidé ainsi, aux pires compromissions? Les poèmes d'Althaus, souples et musclés, nous sont livrés comme d'excitants exemplaires d'un genre très rare que serait une pornographie épurée.

Homme de cœur, Jack possède la même naïveté sentimentale et la même langue obscène et cynique que le personnage de Wedekind, qui a tué sa tante. Pourtant, il va un peu plus loin dans la psychologie du crime:

> J'ai abattu ma tante,
> Elle était vieille et faible, ma tante;
> Mais vous, messieurs les juges,
> Vous voulez me ravir ma jeunesse en fleur.

L'année 1924 ne laissa pas Althaus indifférent; c'est l'année où le procès intenté contre Friedrich Haarmann, accusé de plusieurs meurtres, commença à remuer l'opinion publique. On empêcha ainsi Theodor Lessing de faire un compte rendu du procès parce qu'il avait démontré la part de responsabilité de l'État et de la société dans les meurtres de l'indicateur de police Haarmann. Jack, lui, écrit des poèmes et pénètre les abîmes de l'âme bourgeoise. Il y reste affreusement normal et hétérosexuel; il transpose Haarmann dans la moiteur poisseuse des fantasmes d'un certain patriarcat.

Le Groupe 1925 allait défendre des causes comme celle de Theodor Lessing qui, en 1933, était abattu à Marienbad par des agents nazis. Il ne m'apparaît donc pas du tout surprenant que l'analyse que Lessing a écrite sur celui qui avait commis ces meurtres en série, analyse doublée d'une critique générale du procès, ait été publiée, sous le titre de *Haarmann. Die Geschichte eines Werwolfs* (*Haarmann. L'Histoire d'un loup-garou*), dans la série des *Aussenseiter der Gesellschaft*, dont elle constitue le sixième volume. Pour Lessing, une chose allait de soi. Il fallait, comme le Groupe 1925 l'exigeait, que les écrivains puissent faire entendre leur opinion sur les affaires d'intérêt public; dans son livre sur Haarmann, il déplore le fait que le nombre d'écrivains admis au procès ait été limité.

En dehors de lui, un seul écrivain put en effet prendre part au procès: l'auteur et sexologue berlinois Magnus Hirschfeld; il était haï de la droite autant que Lessing et, lorsque les S.A. détruisirent l'Institut de sexologie (situé au Tiergarten de Berlin), on promena le buste de bronze de Hirschfeld au bout d'un pieu pour le jeter au feu, comme s'il s'agissait de la tête coupée d'un vaincu. Hirschfeld était aussi présent à titre d'expert au procès des deux empoisonneuses de Berlin: c'est le Dr H. que Alfred Döblin mentionne à la fin de son étude de cas.

En été 1925, Theodor Lessing allait servir de cible à la presse antisémite de droite. Il avait publié, dans le journal *Prager Tagblatt* (Journal de Prague), un hymne à Walter Serner intitulé *Der Maupassant der Kriminalistik* (Le Maupassant de la criminologie). Lessing se méprenait gravement: en prenant les histoires de crimes de Serner et son bréviaire pour escroc *Letzte Lockerung* (Relâchement final) — qu'il sous-estimait d'ailleurs tout à fait — pour d'authentiques confessions, il confondait littérature et réalité; il s'était laissé prendre au truc publicitaire imaginé par Paul Steegemann, premier éditeur de Serner. Voici ce que Steegemann avait alors déclaré au sujet de Serner:

> «Vous ne trouverez pas son adresse dans le Bottin des auteurs, mais vous pourrez sans doute l'obtenir de la police. C'est un escroc d'envergure internationale et de très grande classe... Tout ce qui se trouve dans ses livres, il l'a vécu. Vous pouvez le

publier sans scrupules. M. Serner s'en moque éperdument. Il voyage actuellement en Orient car il est propriétaire d'importantes maisons de tolérance en Argentine.»

Alfred Rosenberg, l'idéologue du national-socialisme, profita de l'occasion et tança du même coup, dans le journal *Völkischer Beobachter*, le «poète des bordels» juif et son critique, le professeur juif:

«Le fait qu'un professeur juif "éclairé" porte aux nues une poésie qui chante la traite des Blanches et le proxénétisme est un symptôme et un symbole plus révélateurs que n'importe quelle statistique. Il montre l'abîme effrayant qui sépare l'homme du Juif une fois que ce dernier s'est débarrassé de tout vernis européen. Vivre signifie pour le Juif produire de la pourriture et s'en délecter comme le font les vers.»

Ce n'est qu'en 1926 que Serner daigna opposer un démenti, dans lequel il expliquait que bien rares étaient ceux qui, comme le docteur en droit Walter Serner, avaient pu faire le tour des milieux du crime européens sans y avoir eux-mêmes appartenu. Mais Lessing impressionne Serner par son jugement et son appréciation esthétique, par son absolue liberté morale qui fait fi de critères juridiques ou psychologiques. Ce qui différencie Serner des autres auteurs de la maison d'édition Die Schmiede, c'est qu'il sert le crime à froid comme s'il s'agissait d'un produit artificiel. Les autres écrivains de la collection *Aussenseiter der Gesellschaft*, par contre, manifestent surtout un intérêt sociologique, psychologique, pathologique et juridique. Tous ces écrivains ont d'ailleurs reçu une formation ou médicale ou juridique. Le philosophe Théodor Lessing était, lui aussi, docteur en médecine.

Le but de la collection dirigée par Rudolf Leonhard est très clair: il s'agit de confronter la société avec ses marginaux; et la critique des procès a démontré — en particulier celle du procès de Haarmann — que la société ne vient pas à bout de ceux qui la remettent en question parce que l'appareil judiciaire est lui-même corrompu. Dans le troisième volume de la collection, intitulé *Der Mord am Polizeiagenten Blau* (*Le Meurtre de l'agent de police Blau*), Eduard Trautner, un médecin et naturaliste qui avait publié deux pièces de théâtre alors qu'il était encore étudiant en médecine à Berlin, a tenté de reprendre une théorie de la notion de marginalité. Il écrit: «Parallèlement aux tendances qui visent à consolider l'ordre social, des processus de désorganisation et de régression sont en cours» qui, poursuit-il, partent de «l'extérieur» de la machine sociale pour s'attaquer aux rouages de l'ensemble. C'est là, à l'extérieur, que se trouveraient selon lui les artistes, les savants, les prophètes, les criminels et les ennemis qui, précise-t-il, créent de nouveaux foyers sociaux à partir desquels ils en détruisent d'anciens.

Trautner fut engagé comme lecteur de la maison d'édition Die Schmiede; il succédait à Rudolf Leonhard et publiait, en 1927, *Aussenseiter der Gesellschaft*. Il édita une nouvelle série, intitulée *Berichte aus der Wirklichkeit* (*Comptes rendus de la réalité*), dans laquelle parut entre autres *Juden auf Wanderschaft* (*Juifs en errance*) de Joseph Roth. Eduard Trautner ne fut pas épargné par les faux prophètes et par leurs agissements criminels. En 1933, il fut obligé d'émigrer, et si l'on en croit le spécialiste de l'expressionnisme Paul Raabe, il pratiquerait actuellement la médecine à Queensland, en Australie. Il viendrait d'avoir 97 ans.

Le thème de la corruptibilité de la victime est encore plus manifeste dans la littérature triviale que dans les études de cas authentiques ou dans la littérature proprement dite; c'est qu'elle situe en effet les problèmes au niveau des relations intimes, telles ces histoires d'escrocs et de cambrioleurs écrites par le juriste et journaliste berlinois Artur Landsberger, qui publia, en 1925, *Berlin ohne Juden* (*Berlin sans Juifs*), un roman utopique inspiré par Hugo Bettauer, et qui connaissait mieux que personne les bas-fonds de Berlin — pour reprendre ici le titre de son livre *Die Unterwelt von Berlin*, paru chez Paul Steegemann. Chez Landsberger, et dans d'autres romans, le cambriolage signifie une double incursion dans une autre classe sociale: il s'agit d'une irruption

dans l'intimité d'un petit monde bien gardé et confortable-
ment installé dans sa richesse, mais aussi d'une prise de
contact avec un milieu que, certes, l'on subodore, mais qui
reste étranger et par conséquent peu rassurant. Deux mondes entrent en contact: voleur et victime sont confrontés à
quelque chose d'étranger.

Reportons-nous maintenant à deux scènes de romans
qui ne sont pas de Landsberger. Il me semble toutefois qu'il
existe entre ces deux scènes, que je qualifierai de triviales, un
indéniable rapport de dépendance.

L'auteure A rend hommage à l'auteur B qui, en 1922, a
publié un livre dont la suite parut aux éditions Querido à
Amsterdam; cette maison d'édition est aussi et surtout celle
de l'auteure A, qui connaît elle-même un très vif succès. En
1929, A emprunte, au livre que B a fait paraître en 1922, le
prénom d'un de ses protagonistes. Le baron de Gaigern —
tel est le nom de famille du héros de A — s'introduit dans la
chambre d'hôtel d'une chanteuse vieillissante afin de lui
voler ses bijoux. Il n'arrivera cependant pas à ses fins: s'il
réussit à conquérir la chanteuse, il n'en est pas de même de
ses bijoux. Voici quelques extraits du texte de l'auteure A:

> «Je n'ai jamais été aussi heureux..., murmure
> Gaigern dans la chair fraîche et tendre du bras sur
> lequel sa tête repose. Il dit vrai. Il est indiciblement
> soulagé et reconnaissant. Dans tant d'aventures
> amoureuses à bon marché, jamais il n'a ressenti
> cela: cette ivresse sans arrière-goût, ce calme
> frémissant après l'étreinte, cette confiance profonde
> d'un corps en un autre corps. Ses membres
> reposent, détendus et satisfaits, à côté des membres
> de la femme; leurs deux peaux s'accordent parfai-
> tement. Il éprouve un sentiment qui n'a pas de
> nom et qu'on ne peut pas appeler l'amour: un
> retour au foyer, après une longue nostalgie. Il est
> jeune, mais il rajeunit encore dans les bras de la
> Grousinskaïa vieillissante, à ses tendresses si dou-
> ces, savantes et pleines de retenue à la fois.
> — C'est dommage..., murmure-t-il dans le creux
> du bras de la Grousinskaïa; il soulève légèrement la

tête et se fait un nid de cette aisselle, un petit foyer
bien chaud où règne un parfum maternel et cham-
pêtre. À ton parfum, je te reconnaîtrais partout au
monde, un bandeau sur les yeux... dit-il, et il renifle
comme un petit chien. Qu'est-ce donc?

— Laisse, et dis-moi: qu'est-ce qui est dommage?
Dis? Laisse donc ce parfum... cela s'appelle du nom
d'une petite fleur qui croît dans les champs: *neviada*,
je ne sais pas le nom en allemand. Du thym, peut-
être? On le fabrique pour moi à Paris. Dis, qu'est-
ce qui est dommage?

— Qu'on commence toujours par la femme qui
n'est pas celle qu'il faudrait. Qu'on reste sot, mille
nuits durant, et qu'on croie que l'arrière-goût de
l'amour ait inévitablement cette saveur fade et
froide, pénible comme un haut-le-cœur. C'est dommage que la première femme avec laquelle on ait
couché n'ait pas été comme tu es.

— Oh! toi... enfant gâté, murmure la Grousins-
kaïa, et elle enfouit ses lèvres dans les cheveux de
Gaigern, dans cette toison raide, drue et chaude qui
sent l'homme, les cigarettes et le coiffeur, et qui n'a
plus rien de sa belle ordonnance peignée à plat.
Lui, promène le bout de ses doigts au long des
flancs de la femme, ces flancs que la respiration
soulève.

— Tu sais... Tu es si légère. Toute légère. Rien
qu'un peu de mousse dans un verre de champa-
gne..., dit-il avec une tendre admiration.

— Oui, il faut qu'on soit légère, répond la Grou-
sinskaïa, d'un ton sérieux.

— Je voudrais te voir maintenant. Puis-je faire de
la lumière?

— Non... pas! crie-t-elle, et son épaule s'écarte de
lui. Il sent comme il lui a fait peur, à cette femme
dont nul, en somme, ne sait l'âge exact. De nouveau, il a pitié d'elle, simplement, profondément. Il
se glisse près d'elle, ils restent couchés là tous les
deux, et ils songent. Au plafond, la lumière de la
rue plane réfléchie, étroite et effilée comme une
épée: elle s'insinue ainsi dans la chambre, par la
fente des rideaux. Chaque fois qu'une auto passe,

une ombre se glisse, rapide et fugace, dans le reflet là-haut.

— Les perles..., songe Gaigern, sont provisoirement au diable. Si j'ai de la chance et si tout va bien, je pourrai les refourrer dans les écrins pendant qu'elle dort.»

En 1937, dans le second volume de son roman, l'auteur B décrit une rencontre amoureuse qui a lieu dans une chambre d'hôtel, entre une femme riche et vieillissante et un cambrioleur prêt à coucher avec elle pour la voler. Le vol a déjà eu lieu avant leur rencontre et le voleur se voit maintenant invité à poursuivre son cambriolage, le transformant en rituel érotique:

«Armand, murmura-t-elle à mon oreille, traite-moi sauvagement! Je suis entièrement à toi. Sens-tu que je suis ton esclave! Agis avec moi comme avec la dernière des filles! Ce me sera une extase!

Je ne l'écoutai point. À nouveau, nous mourûmes. Mais dans sa lassitude elle réfléchit et dit tout à coup:

— Écoute, Armand?

— Quoi donc?

— Si tu me battais? Je veux dire, me brutalisais, moi, Diane Philibert! Ce serait bien fait pour moi, je t'en rendrais grâce! Tiens, tes bretelles sont là, prends-les, chéri, retourne-moi et fustige-moi au sang!

— Je n'y songe pas, Diane! De quoi me crois-tu donc capable? Je ne suis pas amateur de ces procédés-là!

— Ah, quel dommage! Tu as trop de respect pour la dame raffinée!

Alors, la pensée qui tout à l'heure m'avait fui me revint. Je dis:

— Écoute à présent, toi, Diane. Je vais te faire un aveu qui peut-être te dédommagera à sa manière de ce que je suis forcé de te refuser pour des raisons de goût. Dis-moi, quand après ton arrivée tu as déballé ou fait déballer ta malle, la grande, il ne te manquait rien, par hasard?

— Tu l'as volé? Tu es un voleur? Mais ça, c'est suprême! Je suis au lit avec un voleur! C'est une humiliation merveilleuse, tout à fait excitante, un rêve d'humiliation! Non seulement un domestique, mais un vulgaire voleur!

— Je savais que cela te ferait plaisir. Mais à ce moment-là je l'ignorais et je dois te demander pardon. Je ne pouvais prévoir que nous étions destinés à nous aimer. Sinon, je ne t'aurais pas infligé ce chagrin et cet effroi de devoir te priver de ta merveilleuse parure de topazes, de brillants et le reste.

— Chagrin? Effroi? Priver? Chéri, Juliette, ma femme de chambre, a cherché un moment; moi, je ne me suis pas souciée deux secondes de ces bagatelles. Que m'importe? Tu les as volées, mon doux ami, elles sont donc à toi. Garde-les! D'ailleurs, que pourras-tu en faire? Mais n'importe. Mon mari, qui doit venir me chercher demain, est si riche! Il fabrique des cuvettes de *water-closet*, sache-le. Tout le monde en fait usage, comme tu penses. Les cuvettes de cabinet strasbourgeoises de Houpflé sont très demandées, on les expédie jusqu'au bout du monde. Il me constelle de bijoux superflus, uniquement parce qu'il a mauvaise conscience à mon égard. Il me constellera de choses trois fois plus belles que celles que tu m'as chipées. Ah, combien le voleur m'est plus précieux que les objets volés! Hermès! Il ne sait pas qui c'est et pourtant il l'incarne! Hermès! Hermès! Armand?

— Que veux-tu dire?

— J'ai une idée merveilleuse!

— Laquelle?

— Armand, il faut que tu voles chez moi! Ici, sous mes yeux. C'est-à-dire, je fermerai les yeux et je feindrai de dormir. Mais, en cachette, je veux te voir voler. Lève-toi, tel que tu es, dieu des larrons, et vole! Il s'en faut de beaucoup que tu aies dérobé tout ce que j'emporte avec moi, et je n'ai rien confié au bureau, pour les quelques jours qui me séparent du moment où mon mari viendra me chercher. Là,

dans la bonnetière du coin, dans le tiroir d'en haut,
à droite, j'ai serré la clef de ma commode. Tu trou-
veras toutes sortes de choses parmi mon linge. De
l'argent liquide aussi. Glisse à pas de chat dans la
chambre, et chipe! N'est-ce pas, tu vas faire ce
plaisir à ta Diane?»

L'auteure A se nomme Vicki Baum. Il s'agit de son
roman le plus célèbre: *Grand Hôtel* [1]. L'escroc et cambrioleur
qu'elle met en scène a pour prénom Félix. Vous avez deviné
depuis longtemps quel était l'autre roman: *Les confessions du
chevalier d'industrie Félix Krull* [2] de Thomas Mann.

En couchant avec une femme avec l'intention de la
voler, les deux heureux Félix — dont l'un se prénommait
Armand — sont devenus les victimes de la concupiscence
petite-bourgeoise. Il leur manque l'énergie des vrais criminels, et la classe possédante se montre la plus forte.

Nous reviendrons donc à des cas authentiques, à ces
hors-la-loi professionnels qu'étaient Emil et Erich Strauss,
Franz et Erich Sass. Le septième volume paru dans la collection *Aussenseiter der Gesellschaft*, *Der Fall Strauss* (*Le Cas
Strauss*) de Karl Otten, décrit Emil Strauss comme un cambrioleur intelligent qui, à force de luttes, accomplit «sa propre révolution». Il se sert d'un outil de précision qu'il a volé
au Musée du crime de Berlin et réussit même à libérer son
frère prisonnier à la préfecture de police en se faisant passer
pour un juriste — à l'instar du capitaine de Köpenick. Otten
écrit: «Quelque chose... de nouveau fait ici son apparition: le
type du marginal conscient et sûr de lui.» Emil Strauss
devint plus tard un prophète et un sectaire religieux, et ceci
va bien dans le sens de l'analyse déjà citée d'Eduard
Trautner.

Avec les frères Sass, ces maîtres voleurs dont la virtuo-
sité suscitait l'admiration sous la République de Weimar, le
statut du marginal se modifie. Jusqu'alors, la société devait
d'abord prouver les faits avant de décider s'il y avait crime.

---

1. Traduction de G. et R. Baccara, Éditions Stock, 1960.
2. Traduction de Louis Services, Éditions Albin Michel, 1956.

En 1933, c'étaient l'État et une partie de la population qui prenaient le statut de marginaux et de criminels. Des marginaux comme le peintre médiocre Hitler et le non moins médiocre écrivain Goebbels constituaient désormais le noyau de la société. Agir de l'extérieur, c'était donc dès lors se retrouver dans la position du sous-homme.

Walter Hoffmann, alias Walter Kolbenhoff, ouvrier né en 1908 dans le quartier Adlershof à Berlin, a décrit ce revirement paradigmatique dans son premier roman, *Untermenschen* (*Sous-Hommes*), qu'il écrivit à l'instigation de Wilhelm Reich. Le livre fut écrit en exil, à Copenhague, où il parut en 1933 et resta l'unique publication des éditions Trobris fondées par Wilhelm Reich. Les frères Sass émigrèrent également à Copenhague: c'est un volet de l'histoire qui reste à découvrir, celle des criminels qui furent contraints d'émigrer pour échapper à un amendement de la loi qui rendait toute preuve de culpabilité superflue et compromettait l'existence d'un honnête gangstérisme en Allemagne.

Considérés par les tribunaux nazis comme des «professionnels du crime incapables de réintégrer les rangs de la collectivité», Franz et Erich Sass furent fusillés par la Gestapo, à Berlin, le 27 mars 1940, alors qu'ils étaient en détention préventive. Aussi longtemps qu'elle se conforma aux lois, la justice allemande ne put rien prouver contre cet habile duo pour qui le cambriolage était devenu routine. À Berlin, entre 1926 à 1933, aucun coffre-fort ne leur résistait. Et même si Franz et Erich eurent parfois de la malchance, jamais ils ne furent pris en flagrant délit.

Les «frères bien-aimés» commirent leur coup le plus célèbre en janvier 1929; grâce à l'ingénieuse construction d'un souterrain, ils réussirent à percer le coffre de la Société d'épargne de Berlin, située sur la rue Kleist. Ils firent alors main basse sur un butin de plusieurs millions et ni les services administratifs ni les services communaux ne les récupérèrent. C'est ainsi qu'est née leur légende. Aujourd'hui encore, les frères Sass sont plus connus que l'écrivain berlinois Paul Gurk, qui fit de leur coup de maître le sujet d'un roman tout à fait remarquable.

Intitulé *Tresoreinbruch* (*Vol de coffre-fort*), son livre parut à Berlin en 1935. À cette époque, les frères Sass étaient en prison à Copenhague. En 1934, munis de faux papiers, ils étaient allés chercher un nouveau champ d'action au Danemark; en mars 1938, ils furent livrés à la police allemande. C'est cette toile de fond qui donne au roman de Paul Gurk — véritable ingérence dans un procès en cours — toute sa dimension politique et juridique, et j'ai beaucoup de peine à concevoir qu'en 1935, on n'y ait pas perçu une critique de la loi nazie contre le «gangstérisme professionnel». Si Gurk n'eut pas à en subir les conséquences, c'est bien parce qu'il était un marginal et qu'il fit passer son livre pour une rétrospective teintée de mélancolie de cette époque du «système» (*Systemzeit*) tant décriée par les nazis, un camouflage par trop transparent pour un lecteur d'aujourd'hui. Mélancolique, Gurk l'était car il portait le deuil d'un amour perdu qui aurait pour synonymes esprit citadin et urbanité et dont l'objet serait Berlin.

Si on le compare à *Berlin*, un roman antérieur de Gurk redécouvert en 1980, lui aussi grâce aux éditions Agora, *Tresoreinbruch* est plus objectif, plus mondain et plus citadin. Il met l'accent sur le dilemme qui se pose à Albert Maas (alias Franz Sass) lorsque le commissaire de police Steppmann en appelle à une justice telle qu'elle sera prônée plus tard par l'État du non-droit. Lorsque le commissaire demande à Maas pourquoi il ne veut pas réintégrer la grande collectivité, celui-ci répond: «Je suis un honnête homme. Voilà pourquoi je ne suis ni le peuple ni la collectivité.» À la fin du livre, le commissaire, dont les efforts restent vains, écrit sa propre demande de licenciement: «À ses yeux, société, État et ordre ressemblaient à un coffre-fort éventré.» Ensuite, dans les phrases finales, l'auteur épilogue sur le «renouvellement du mythe», sur le «grand changement» et sur une «nouvelle communauté». Ces lignes, ironiques ou non, donnent l'impression d'avoir été rajoutées à un livre qui pourrait bien être le dernier roman sur la grande ville à avoir été écrit en toute liberté avant 1945.

Tresoreinbruch est plus qu'un simple roman policier et plus qu'un compte rendu quelque peu déformé de la réalité. Paul Gurk n'évite certes pas le suspense qui accompagne la description de tout cambriolage véritable, mais il sait prendre du recul. Ce qui l'intéresse le plus, ce n'est pas le méfait, mais la grande intelligence des malfaiteurs, la frayeur des victimes du vol et surtout le renversement du rapport existant entre les criminels, personnages tout à fait sympathiques sinon héroïques, et les bourgeois prétendument respectables. Pour montrer que la ligne de démarcation qui sépare ces deux groupes s'est déplacée, Gurk inscrit l'histoire véridique des escrocs dans un entrelacs d'actions secondaires: il ouvre l'une après l'autre les portes d'un grand H.L.M. du Berlin d'alors, et de ces portes entrebâillées s'échappent misère, vulgarité et goût du meurtre. Le logement des frères Sass donne sur le devant et est toujours bien rangé; c'est le seul qui soit digne d'être présenté en tout temps au regard scrutateur de la police. Le crime est aseptique. Le moindre écart par rapport à l'éthique rigoureuse de leur profession est perçu par les frères Sass comme une «dégénérescence». Ce mot à la mode empreint de racisme renvoie au contexte politique du roman. C'est l'ensemble du peuple qui est dégénéré, non le «professionnel du crime» (*Berufsverbrecher*), terme qui fait son entrée dans le supplément de la 15e édition du *Grand Brockhaus* (encyclopédie), l'année même de la parution du roman.

La description que fait Paul Gurk du milieu urbain, ainsi que le jugement qu'il porte sur la criminalité, tirent leurs origines d'une tradition littéraire dont Walter Serner est le principal représentant. Les frères Maas font l'effet de véritables seigneurs; non contents de lire le *Handbrevier für Hochstapler* (*Bréviaire pour rastaquouères*) écrit par Serner en 1927, ils le mettent froidement en pratique.

Deux écritures

Harald Hartung, poète et critique: une entrevue à Montréal

HANS-HERBERT RÄKEL: En invitant Harald Hartung au colloque «Littérature et Métropole», nous nous sommes adressés en réalité à trois personnes à la fois, au poète, au critique littéraire bien connu en Allemagne, et au professeur de littérature allemande à l'Université technique (TU) de Berlin. M. Hartung, vous avez donné à votre conférence sur «La poésie à Berlin depuis 1961» une orientation résolument politique, puisque 1961 est la date de l'érection du mur. Or, au Québec, la poésie a, depuis un quart de siècle, grandement contribué à ce que nous appelons «la Révolution tranquille», elle a joué un rôle politique. Croyez-vous qu'il faille chercher dans toute poésie ce rôle politique?

HARALD HARTUNG: Oui, naturellement, un rôle politique; voilà quelque chose que l'on peut facilement affirmer, mais qui est plus difficile à prouver. La poésie a la réalité sous les yeux, cette réalité peut être le mur par exemple. De plus, la poésie a les mots à sa disposition. De ces mots, la poésie peut créer ou un modèle ou un contre-modèle, et elle ne sait jamais précisément de quelle façon elle ira impresionner les consciences quant à la réalité qu'elle veut décrire. La poésie ne peut pas changer la réalité directement, elle ne peut changer les faits, mais elle peut s'efforcer de modifier la perception. Du moins, je l'espère.

HANS-HERBERT RÄKEL: Dans votre conférence, vous analysez justement comment la poésie a joué un rôle politique à Berlin depuis 1961, sa politisation, sa mise en question radicale pendant les années de contestation, son exploration de la réalité politique des deux côtés du mur. Votre dernière parution, un beau livre qui contient une sélection de poèmes couvrant 20 ans de carrière, semble se tenir en marge de ce que nous venons d'évoquer: vos poèmes ne sont ni politiquement engagés ni obscurs, ils ne s'entourent pas de barbelés comme beaucoup de ceux dont vous parlez dans votre conférence.

HARALD HARTUNG: J'essaye effectivement d'écrire des choses accessibles, rien d'hermétique.

HANS-HERBERT RÄKEL: Le titre ce ce livre aura peut-être quelque chose d'hermétique, au moins pour un lecteur étranger: *Rêve au musée allemand (Traum im Deutschen Museum)*. Vous faites allusion au Deutsches Museum, l'énorme musée technique de Munich avec ses 12 km de galeries. C'est un musée moderne où l'on peut être saisi de vertige devant le fait que notre propre civilisation technique y apparaisse sous l'empire du passé.

HARALD HARTUNG: Pour moi, le titre de mon livre correspond à trois choses. Premièrement, le Musée technique, c'est la fascination qu'exerçaient les machines et les engrenages sur l'enfant que j'étais. Vous savez que l'on a dit que les poèmes sont aussi des machines! Deuxièmement, ce musée, c'est un peu ma biographie, c'est l'histoire de ma famille, de mes expériences, et en troisième lieu l'on pourrait dire que le *Musée allemand* est un musée historique. C'est un musée politique, un musée des années trente, du fascisme jusqu'au présent, de toute une époque que j'ai vécue.

HANS-HERBERT RÄKEL: Lorsqu'on tient au rôle politique et social de la poésie, lorsqu'on refuse l'art pour l'art, on doit se soucier des lecteurs, de la réception comme on dit dans les cours de littérature. Or, dans le passé, la poésie avait un rôle précis dans l'apprentissage de la langue maternelle à l'école. Ce n'est plus le cas aujourd'hui, pas plus en Allemagne qu'au Québec. N'est-ce pas une perte pour les enfants, et une perte pour la poésie qui doit s'adresser à des lecteurs n'ayant jamais appris son langage?

HARALD HARTUNG: J'appartiens aussi à cette génération qui a dû apprendre des poèmes à l'école, exercice qui m'a probablement fait soupirer plus d'une fois. Mais aujourd'hui, je m'estime heureux de connaître encore par cœur ne serait-ce que des fragments de poèmes.

HANS-HERBERT RÄKEL: Si la poésie a été chassée de l'école, les poètes, eux, semblent par contre de plus en plus attirés par l'Université. Vous êtes vous-même professeur, tout comme beaucoup d'écrivains québécois qui enseignent dans les universités et les collèges. Quelle est la situation à ce sujet en Allemagne et quelle est la vôtre?

HARALD HARTUNG: Voici ma situation: je suis professeur, poète et critique, et cela en toute bonne conscience car je suis tout à fait d'accord avec Paul Valéry, qui dit que la réflexion sur la création d'un poème peut être tout aussi intéressante que le poème lui-même. Dans mon cas, le problème de la réflexion se présente aux trois niveaux de mon activité. Ma production se nourrit et tire beaucoup de la réflexion. Mais, en plus de la réflexion, on doit avoir l'énergie, la force, la vitalité. On doit toujours avoir la capacité de voir et de saisir le monde — qui se trouve à l'extérieur de l'université!

HANS-HERBERT RÄKEL: L'aspect financier a certainement son importance aussi, puisqu'il est aujourd'hui quasiment impossible pour un artiste de vivre de sa plume. L'écrivain doit s'intégrer dans un circuit culturel qui est lié aux grandes concentrations d'activités que l'on retrouve dans les métropoles. Est-ce uniquement un fait économique et social ou les grandes villes constituent-elles une sorte d'incubateur d'idées? Font-elles naître les œuvres poétiques?

HARALD HARTUNG: Je crois que oui. Gottfried Benn serait à ce sujet mon témoin principal, lui qui disait que les muses ne chantent que dans les grandes villes, dans les cités. Il est vrai qu'il y a des événements culturels intéressants en province, mais il faut avouer que c'est malgré tout à la ville que se passent les choses décisives, là où les forces sont réunies.

HARALD HARTUNG

Mimikry

Kinder kommen schwarz aus schwarzen Schulen
und weiß aus den weißen
Sie spielen Zebra
vor gestreifter Tapete

Glücklich der grüne Punkt
der über eine grüne Fläche wandert
und nicht errötet
ich bin ihm nicht böse

Mimikry

Enfants — sortant noirs des noires écoles
Et blancs des blanches.
Ils jouent au zèbre
Sur fond de papier peint rayé.

Heureux le point vert
Qui traversant une verte surface
Ne rougit pas.
Je ne peux lui en vouloir.

(traduit par Marie-Élisabeth Räkel)

HARALD HARTUNG

La poésie à Berlin depuis 1961

Être jeune dans les années cinquante et s'intéresser à la poésie, c'était s'intéresser à deux poètes dont le nom commence par B: Benn et Brecht.

Le jeune homme d'alors préférait peut-être un poète à l'autre et, parce qu'il était influençable, il se sentait peut-être dérangé par celui qu'il aimait le moins, allant même jusqu'à le contester. Par amour pour la poésie, il voyait là un problème et peut-être même une aporie. Esthétiquement parlant, il se sentait capable de les apprécier tous les deux mais, d'un point de vue plus philosophique — il dirait plus tard idéologique —, ces deux poètes ne lui paraissaient pas pouvoir coexister. Et pourtant, il aurait bien eu envie de les croire tous les deux et d'accepter d'un côté l'art pour l'art de Gottfried Benn, son engagement et son affirmation du poème absolu, du poème sans foi, sans espoir, fait pour personne, et de l'autre ces vers de Bertolt Brecht:

> Sur un objet chinois: lion sculpté
> dans une racine de thé
>
> Les méchants craignent tes griffes
> Les bons se réjouissent de ta grâce
> Ainsi
> J'aimerais qu'on parle
> De mes vers[1].

---

1. Traduit par Guillevic. Bertolt Brecht, *Poèmes, 7 (1948-1956)*, Éditions de l'Arche, 1967.

Hasard ou non, le nom de la ville où vécurent nos deux poètes commence également par B. Lorsque le jeune homme dont je parle vint pour la première fois à Berlin, les deux poètes n'étaient plus. Et lorsque ce jeune homme choisit d'y habiter et d'y travailler, l'un des États avait fermé ses frontières et érigé un mur entre l'ouest et l'est de cette ville; et ce jeune homme qui écrivait des poèmes et réfléchissait à ce qu'est la poésie allait essayer de vivre à Berlin sans le poète Benn et sans le poète Brecht.

Vous allez vous demander le pourquoi de cette histoire... Elle a longtemps marqué — et peut-être est-ce encore le cas — le sujet que je vais aborder. La construction du mur et la poésie avaient certes peu de choses en commun, pourtant le mur n'a fait qu'accentuer en quelque sorte la problématique de l'écriture poétique, de l'écriture dans cette ville. Et la construction du mur n'a pas été le premier événement politique à avoir cet effet, ce ne fut pas le dernier non plus. L'année qui figure dans mon titre signifie plus qu'un point dans le temps — tout ceci pour dire que la poésie à Berlin, c'est autre chose que la poésie à Munich, à Cologne, à Heidelberg ou en forêt de Bavière —, et quand bien même la différence ne serait pas fondamentale, les nuances ont malgré tout leur importance.

Elle est différente, car à Berlin la réalité allemande n'est pas celle de la République fédérale — différente bien qu'elle ne soit pas plus nette, plus précise pour autant. Quand on vit les choses de l'intérieur, il arrive qu'on ne les voie plus; politiquement et esthétiquement, la distance peut être utile.

Mais la poésie à Berlin est probablement différente pour d'autres raisons encore; en effet, dans cette ville, il n'y a pas seulement deux systèmes politiques mais bien deux systèmes littéraires: le système de Berlin-Ouest et le système de Berlin-Est. Et pourtant, même si les poèmes qui s'écrivent de chaque côté du mur sont très différents, ils pourraient avoir un point commun: celui d'avoir été écrits en présence du mur, dans l'une de ces demi-villes qui, dans leur isolement respectif ou en communion tacite, se considèrent comme la métropole, le reste étant province... ou serait-ce un leurre, un leurre des plus perfides auquel l'homme de lettres arrive à croire? Mais n'y a-t-il rien de plus cher à l'homme que ses illusions, ses erreurs?

Je n'irai pas plus loin dans ce sens; je préfère demander aux textes de parler pour moi. Mais puisque je tiens à sauvegarder ce que Berlin a de particulier, et puisque je ne veux pas séparer espoir et situation berlinoise, je me permettrai de revenir à Benn. À la fin de sa célèbre *Berliner Brief* (Lettre berlinoise) de juillet 1948, il dit de cette ville qu'il a aimé son éclat et sa misère. Il poursuit:

> «On pourrait même lui prédire son avenir: à sa sobriété se mêleront des tensions, sa clarté sera ternie d'interférences, d'ambiguïté, d'ambivalence, d'où naîtront des centaures et des êtres amphibies.»

Cette phrase date d'il y a 40 ans, et l'avenir dont parlait Benn est devenu passé. La poésie a-t-elle connu des tensions dans la sobriété, des interférences dans la clarté? Y a-t-il ambiguïté au cœur de la poésie berlinoise? Et où sont ces centaures et êtres amphibies?

Ce sont les questions d'un poète, des questions formulées en langage poétique: je ne les traduirai pas en termes scientifiques, ni dans l'allemand des germanistes. Ce n'est pas le germaniste qui parle ici, c'est le critique littéraire, l'auteur de poèmes. Certains propos paraîtront subjectifs, j'espère qu'ils ne seront pas trop égocentriques. Je donnerai trois parties à mon propos, je parlerai de trois époques où se sont interpénétrés éléments sociaux et littéraires. Je me référerai à des discussions poétiques, à des courants stylistiques, mais aussi à différents auteurs et poèmes.

Entre le mur et la grande coalition
ou du poème vécu au poème politique

Le 17 novembre 1960 — une année à peine avant la construction du mur —, dans le Palais des congrès de Berlin-Ouest, avait lieu, en marge du Congrès international des écrivains de langue allemande, la réunion de travail «Lyrik heute» (Poésie aujourd'hui). Walter Höllerer, qui coordonnait lectures publiques et discussions, avait invité Helmut Heissenbüttel de Stuttgart, Franz Mon de Francfort, Peter Rühmkorf de Hambourg; de Berlin, il avait fait venir Günter Grass, Günter Bruno Fuchs et Rudolf Hartung, mon homonyme.

Les positions qui devaient être exprimées lors de cette réunion étaient contradictoires et incompatibles. Heissenbüttel et Mon défendaient le travail sur la langue, se firent le porte-parole de la poésie concrète et expérimentale; s'appuyant sur le concept du système secondaire, tel que l'avait développé le sociologue Hans Freyer, Franz Mon formula la thèse suivante: «N'est réel que ce qui est formulé», mais il aurait tout aussi bien pu citer les vers de Benn:

> La réalité n'est pas nécessaire,
> elle n'existe même pas quand un homme
> par le thème initial de la flûte et du flair
> peut donner preuve de son être[2].

Mais Benn était trop marqué par l'émotion! Il avait, il est vrai, forgé le concept du laboratoire poétique. Pourtant, il n'avait rien d'un poète de laboratoire.

Helmut Heissenbüttel, lui, comparait ses textes à des «manifestations» des possibilités du langage; il ne pensait sûrement pas alors à celles que les étudiants feraient quelques années plus tard.

Les autres participants étaient opposés à ces prises de position. Était-ce un hasard si tous — exceptons toutefois Rühmkorf — habitaient et travaillaient à Berlin?

---

2.   Gottfried Benn. *Poèmes*, Traduction de P. Garnier, Gallimard, 1972.

Günter Grass raillait les «poètes de laboratoire», qu'il qualifiait de «société de minuscules», «locataires à vie», «cohabitants du silence». Il vantait, ironiquement bien sûr, le «poème anecdote». Ce qu'il faisait, c'était simuler l'anecdote ou le fait divers.

> «Une fois que j'étais allé chez mon tailleur pour y faire prendre mes mesures, le tailleur me demanda: "Quand il vous arrive de porter quelque chose, est-ce à gauche ou à droite?" Je mentis et répondis "À gauche".»

Selon Grass, cette anecdote lui aurait inspiré le quatrain suivant:

Le mensonge

Votre épaule droite est plus basse,
me dit mon tailleur,
en effet j'ai toujours porté
mon sac d'écolier à droite,
dis-je en rougissant.

Cette réflexion n'est pas sans rappeler un certain laconisme brechtien et la naïveté raffinée de M. Keuner. Les termes ambigus de «droite» et de «gauche» n'étaient pas un simple jeu de mots. L'anecdote poétique révélait une réalité politique. Et si l'épaule droite était plus basse, ce n'était pas à cause du sac d'écolier mais bien parce que l'Allemand a tendance naturellement à s'abaisser, à se soumettre à tout ce qui vient de la droite; Grass, que son *Tambour* venait de rendre célèbre, commençait en effet à porter à gauche: une gauche modérée, social-démocrate, qu'il allait représenter dès 1965 dans les assemblées électorales au profit de Willy Brandt.

Mais retournons à la rencontre de travail «Lyrik heute» de novembre 1960. Günter Bruno Fuchs était encore plus lié à Berlin, ou plus exactement au district de Kreuzberg, à ses H.L.M., ses cours arrière et ses bistrots que Günter Grass. Son ami Robert Wofgang Schnell a dit un jour de lui que c'était «un ivrogne, un poète, un graveur sur bois». Fuchs était plus que l'original de Kreuzberg: à partir du quotidien et du conte, des cours arrière et du cirque, du culte du bistrot et de l'amour de la réalité, il a créé un cosmos poétique peuplé d'enfants, d'ivrognes, de rêveurs, de policiers et de généraux. L'enfant, le rescapé des ruines auquel il s'identifiait, est resté cet éternel fugitif, fuyant le brigand et le gendarme. Ses essais politiques, sa critique de la société, sont restés emprunts de ce monde féerique de l'enfance. Lors de la discussion au Palais des Congrès, Günter Bruno Fuchs fit part de sa foi dans la vocation sociale de la poésie dans des termes d'une éclatante clarté: «J'essaie de susciter un texte qui résiste et qui puisse figurer sur un tract.» Il souhaitait un texte qui «fasse contre mauvaise fortune bon cœur, un texte assez pur pour s'affirmer au-delà des idéologies dominantes».

Tageslauf eines dicken Mannes (Journée d'un homme gros), ce poème qu'il nous lut à la fin de la discussion, est l'un des plus beaux qu'il ait écrits. C'était comme le portrait de celui qui mourut en 1977.

Tageslauf eines dicken Mannes

Morgens
verdingt er sich bei den Kindern am Buddelplatz.
Er beginnt seine Arbeit und sagt: Liebe Kinder,
Dieser Bauch ist kein Bauch, sondern der große
                                        Berg Bimbula.
Dann Lachen die Kinder, schlagen Purzelbäume
                                        und sagen:
Bitte, großer Berg, morgen mußt du
wiederkommen.

Mittags
macht er seine Urwaldfreunde nach.
Er trommelt dann auf seinen Bauch
und manchmal springt er schweren Herzens
auf den Rücken eines Generals und sagt:

Wenn du meinen Bauch mit einer Trommel
verwechselst,
so ist das deine eigene klägliche Sache! Dieser
Bauch
ist nämlich der große Berg Bimbula
dessen Schönheit du nie erkennen wirst.

Abends
wird er immer sehr traurig.
Er setzt sich unter die Sterne
und trinkt zehn Liter Himmelsbier.
Manche Leute haben ihn singen gehört —
er singt dann ganz einfältig, so einfältig
wie es ihm niemand zugetraut hätte:
Mutter, ach Mutter, mich hungert!

Journée d'un homme gros

Le matin,
Les enfants l'embauchent sur le terrain de jeu.
Il commence son travail en disant: mes chers
enfants,
Ce ventre n'est pas un ventre, mais la grande
montagne Bimboula.
Les enfants rient, font des pirouettes et disent:
Je t'en prie, grande montagne, reviens demain.

À midi,
Il imite ses amis de la forêt vierge.
Il tambourine sur son ventre
Et le cœur gros, il saute
Sur le dos d'un général en disant:
Si tu prends mon ventre pour un tambourin,
C'est tant pis pour toi! Ce ventre,
C'est la grande montagne Bimboula
Dont tu ne comprendras jamais la beauté.

Le soir,
Il est pris de tristesse,

Il s'assoit sous les étoiles
Et boit dix litres de bière céleste.
Certains l'ont entendu chanter,
Et son chant est tout simple,
Si étonnant de simplicité:
Maman! maman! j'ai faim!

«S'affirmer au-delà des idéologies dominantes.» Cette phrase de Günter Bruno Fuchs dépeint très bien la place du poème berlinois dans les années qui ont suivi la construction du mur.

La poésie d'alors garde ses distances par rapport à la politique officielle qui avait conduit au mur — distance à l'égard des politiques tant occidentale qu'orientale. Ceci eut pour effet que le mur n'était que très rarement sujet du poème, qu'il n'était pas nommé. Par contre, on parlait de ses conséquences, par exemple de la situation de la partie ouest de la ville dont l'existence même était menacée. Le regard poétique se tourna plutôt vers le quotidien, vers le détail social. Naquit un régionalisme berlinois que des auteurs de Kreuzberg, Günter Bruno Fuchs, Robert Wolfgang Schnell surtout, avaient amorcé.

Chez Rolf Haufs, ce régionalisme apparaît dans les titres mêmes des recueils de poèmes qu'il publia dans les années soixante. En 1961 paraissait *Straße nach Kohlhasenbrück* (*Route de Kohlhasenbrück*). Il s'agit là d'une route au sud de Berlin-Ouest qui mène à Steinstücken, une enclave en R.D.A. jusqu'en 1972. C'est là qu'habitait Haufs à cette époque.

En 1964 paraissait le recueil *Sonntage in Moabit* (*Dimanches à Moabit*). Ce titre ne désigne pas seulement un district de Berlin mais la prison qui s'y trouve et où l'auteur devait, suite à une dénonciation, passer 53 jours en détention préventive. Dans un poème, *Auf dem Konsulat* (*Au consulat*), il dit à ce sujet:

Vous n'étiez pas,
m'a demandé la demoiselle,
membre du Parti communiste?
non, dis-je, j'ai abjuré

Marx et consorts
après 53 nuits à Moabit.

Ces lignes sarcastiques se trouvent dans le recueil
Vorstadtbeichte (*Repentir de banlieue*), de 1967. Encore un titre
régionaliste. Dans de nombreux poèmes écrits à cette
époque, Haufs décrit les déformations qui s'opèrent dans la
conscience et qui sont le propre de la mentalité des villes-
glacis.

Haufs n'a pas oublié pour autant les points fondamen-
taux du problème de Berlin: tel ce poème écrit très tôt, *Brief
an GS* (*Lettre à GS*), qui raconte comment en 1960 l'auteur
quitte Düsseldorf pour s'installer à Berlin. Haufs y dépeint
les effets du mur et se compare, ironiquement s'entend, à
Joseph Goebbels:

... qui partit sans la bénédiction de sa pauvre
                                                    mère,
    qui partit comme Haufs partit plus tard
    pour Steinstücken, pour ses bosquets de pins,
    où les gardes-frontières vont uriner
    et d'où ils gardent à vue les retraités
                            et les embryons conscients.
    Mais je sais que tu m'entends, que tu continues
                                à m'entendre,
    comme j'entends trois fois par jour la voix
                            des trains interzones;
    trois fois par jour j'entends le sifflement rageur
                            de la chaudière à vapeur.
    Ainsi que le murmure, oh combien doux: soyez
                                                    prêts,
    soyez toujours prêts, gardez toujours prêts vos
                                    papiers d'identité
    et que personne ne quitte le train car des
                                    mitrailleuses
    et des regards funestes vous attendent.
    Mais j'ai peur que tu baignes ton visage
                                    de larmes
    dans une cuvette achetée à bon prix chez
                                    Woolworth

à la Schadowstrasse parce que les poèmes ça ne
paye pas,
ces poèmes qui nous font pitié, tandis que
d'autres
regardent nos femmes (...)

Ce passage est extrait d'un poème exceptionnellement long pour Haufs et comparativement aux poèmes laconiques et courts des années soixante.

De toute évidence, il n'était plus possible, désormais, de rendre la réalité par de brefs aperçus. Il fallait donc opter pour des perspectives plus larges. Un des premiers à suivre cette tendance fut celui que nous mentionnions au début et qui fut à l'origine des discussions sur la poésie: Walter Höllerer, organisateur des plus importantes manifestations littéraires berlinoises des années soixante, spécialiste en littérature, poète et théoricien de la poésie. Très tôt, il avait cherché de nouvelles idées aux États-Unis d'Amérique et nous avait familiarisés avec la *Junge amerikanische Lyrik* (*La Jeune Poésie américaine*) — titre de son anthologie de 1961 — et surtout avec les théories d'Olson du «projective verse», du poème «composition en champ», et de sa conception de la forme vue comme expansion du contenu. Cela n'allait pas être sans influencer ses *Thesen zum langen Gedicht* (*Thèses pour le poème long*) qui, en 1965 parurent dans *Akzente* (*Accents*) et entraînèrent des discussions virulentes mais déterminantes. Je retiendrai ici deux des thèses qui soulignaient l'importance politico-sociale des poèmes longs.

> «À l'époque actuelle, le poème long est politique, ne serait-ce qu'en raison de sa forme, puisqu'il refuse de se cantonner dans des secteurs et domaines bien définis. Il s'attaque à la mesquinerie des frontières géographiques et spirituelles. Que de voies sans issue: idéalisme ligoté par le matérialisme en R.D.A., matérialistes feignant l'idéalisme en R.F.A. Le poème long a le souffle nécessaire à l'accomplissement de la négation, à la liquidation des décoctions marxistes et hégéliennes, à l'ébranlement des prisons de la pensée, à l'élaboration

persévérante de l'expression de nouvelles données. Écrire le poème long, c'est créer une perspective, celle de voir le monde plus librement; c'est aller à l'encontre de l'immuable et de l'étriqué. C'est dans l'accomplissement de sa libération que l'on reconnaîtra la République.»

C'était un plaidoyer en faveur d'un réalisme poétique qui se voulait non seulement reflet, mais changement. La longueur conférait au poème une nouvelle qualité: par son envergure, le poème rendrait possible une nouvelle conception de la réalité et permettrait d'intégrer le vu, les éléments de perception instantanés, dans un processus. «C'est dans l'accomplissement de sa libération que l'on reconnaîtra la République.» Cette sentence assez vague se voulait utopique et loin de toute politique actuelle.

La République ne se libéra pas. Bien au contraire, à l'époque d'Erhard, elle tomba dans une crise économique et politique. Certes, le vote de septembre 1965 devait confirmer l'élection de Ludwig Erhard comme chancelier. Pourtant, un an plus tard se formait une grande coalition à partir du SPD (Parti social-démocrate) et de la CDU (Union chrétienne démocrate). Kurt Georg Kiesinger (CDU) devenait chancelier, Willy Brandt (SPD) ministre des Affaires étrangères. Politiquement, cela signifiait la stabilisation. Pour le SPD, c'était la participation au pouvoir et une perspective d'avenir. Tous les intellectuels, les écrivains, les étudiants — ou du moins nombre d'entre eux — y virent un compromis malsain, une trahison. À Berlin-Ouest, en août 1965, s'était formé «le *stand* des élections des écrivains allemands», ceci sur l'instigation de Günter Grass, auquel s'étaient joints des poètes comme Nicolas Born, F. C. Delius, Peter Härtling, Rolf Haufs. Cela ne rapporta pas un gain de voix sensible au SPD, et on y protesta en vain contre le fait que le chancelier ne venait pas des rangs du SPD.

Ceux qui ont suivi les événements d'alors se souviendront quelle fut la déception des intellectuels de gauche à la suite du coup du SPD, qui toutefois lui vaudra le pouvoir en 1969. La grande coalition, la discussion des lois d'exception, l'équipement nucléaire de l'armée allemande, les protestations contre la guerre du Viêt-nam, allaient entraîner une radicalisation qui déboucha sur les manifestations estudiantines de 1967-1968. Poésie politique, *agit-prop*, littérature *pop* furent les slogans littéraires d'alors.

Les années de contestation politique. De la poésie politique à la nouvelle subjectivité

Fin mai 1967 Erich Fried m'appela de Londres pour me demander si j'avais envie de répondre à un article de Peter Härtling dans la revue *Monat*. Härtling avait posé la question: «Peut-on écrire des poèmes sur le Viêt-nam?», question à laquelle il avait répondu par la négative. À l'époque, j'étais d'un autre avis et écrivis une réplique intitulée *Poesie und Vietnam* (Poésie et Viêt-nam). Pendant que j'écrivais, le Shah d'Iran vint en visite à Berlin et, l'après-midi du 2 juin, je me trouvais parmi les manifestants devant l'opéra où le Shah assistait à *La Flûte enchantée*. Avant que la police n'intervienne, j'étais parti chez moi pour continuer mon article. C'est ce soir-là que l'étudiant Benno Ohnesorg fut abattu par un policier. Après la mort de Ohnesorg l'opposition extra-parlementaire commença à se former. Elle connut des moments très chauds lors des manifestations qui suivirent l'attentat contre Rudi Dutschke et lors des protestations contre Springer, la maison d'édition et de presse qui avait diffamé les contestataires. Était-on à la veille d'une révolution? Telle était la question que le journal *Spiegel* posait aux écrivains. Les avis étaient partagés.

À Paris, Mai 1968 voulait porter l'imagination au pouvoir et Herbert Marcuse crut que le potentiel esthétique de la contestation deviendrait une pratique politique durable. Une «nouvelle sensibilité» était en train de devenir une force politique, pensait-il. Cette nouvelle sensibilité allait faire son chemin, mais dans la poésie uniquement.

Comment la poésie réagit-elle à tous ces événements? D'abord, par une surabondance de poèmes politiques, puis par le silence, telles étaient du moins les apparences. D'abord donc, par une pluie de poèmes politiques: contre la guerre du Viêt-nam, contre la police, les journaux *Springer*, le système, le capitalisme. Du poème de contestation, on passa aux textes d'*agit-prop* de forme poétique puis aux textes dits de combat. On proposa même d'utiliser comme armes des textes imprimés sur des morceaux de métal coupant, mais la déception ne se fit pas attendre: les poèmes ne sont pas des armes et ils ne changent pas le monde, du moins pas comme on l'espérait. Cela se retourna contre la poésie: parce qu'ils ne changeaient pas le monde, il n'y aurait plus de poèmes. Écrire des poèmes devenait ou suspect ou anodin. Lire en public des poèmes, à Berlin ou ailleurs, c'était s'exposer à devoir donner des explications: «Pour qui écris-tu? Quel est ton groupe cible?» J'avais pris pour habitude de répondre que mes cibles ne sont pas les hommes, mais cela ne suffisait pas à mes interlocuteurs. Pourquoi, d'ailleurs, venaient-ils encore assister à des lectures de poésie? Probablement parce qu'ils s'intéressaient encore à la poésie comme à quelque chose d'interdit, à un vice.

La revue *Kursbuch* d'Enzensberger avait proclamé en 1968 la «mort de la littérature». Deux ans plus tard, il n'en était plus rien et le même Enzensberger revenait à la poésie. Il reconnaissait que c'était un peu avoir voulu tuer des moineaux à coups de canon et il écrivait: «Dormir, reprendre souffle, écrire: ce n'est presque plus un crime.» Quelle pudeur dans ce «presque» — destiné (sans doute) à des compagnons déçus. Quelle intelligence de vouloir à nouveau élever la poésie au rang d'un besoin humain! «Dormir, reprendre souffle, écrire»... aujourd'hui ceci peut paraître curieux. Ces temps sont en effet révolus et passés à l'histoire.

Mais la réhabilitation de la poésie allait avoir lieu par la gauche. Quelques auteurs continuaient à écrire, disons-le carrément, des poèmes. Je m'en tiendrai à Berlin et donnerai un exemple représentatif: Nicolas Born. Ce dernier allait en quelque sorte à l'encontre des normes puisqu'il vivait de l'écriture, financièrement et humainement. Ce n'était pas un opportuniste, mais il était en harmonie avec l'esprit du temps. Sa poésie témoigne de cette évolution d'une politisation vers une nouvelle subjectivité. Born venait de la Ruhr et vivait à Berlin au milieu des années soixante. Les dernières années de sa vie, il travailla à la campagne, à Lüchow Dannenberg, sans perdre contact avec Berlin. Il mourut en 1979 d'un cancer du poumon.

Je nommerai trois concepts centraux dans son œuvre:
1) politisation,
2) utopie et nouvelle sensibilité,
3) paysage et écologie.

Born faisait précéder son premier recueil de poèmes, *Marktlage* (*Situation de marché*), en 1967, d'une déclaration programmatique. On y lisait:

> «À bas la vieille poésie, qui n'est qu'un guide d'art poétique: à bas le symbole, la métaphore et tout véhicule de signification... les poèmes doivent être à l'état brut, du moins ne doivent-ils pas être polis: l'expression brute, sans artifice, redeviendra, je le crois, poésie, une poésie qui naît de la manière directe dont l'écrivain aborde les choses, les rapports, le monde et renonce à inventer la poésie avec des mots.»

Born ne niait pas l'influence de William Carlos Williams, et de Charles Olson qui veut que la forme ne soit rien d'autre que l'expansion du contenu, et il ne s'en défendait pas. Cette conception était transmise de toute évidence par Walter Höllerer. Dans son deuxième recueil, paru en 1970, *Wo mir der Kopf steht* (*Où j'ai la tête*), Born n'est pas insensible non plus au terme d'«ouverture». Il cite comme modèle Frank O'Hara dont les *Lunch Poems* (qui allaient paraître en 1979 dans une traduction de Rolf Dieter Brinkmann) exercèrent une grande influence sur les jeunes poètes allemands d'alors.

Cependant, l'exemple de politisation que je vais donner ici est à part: son actualité d'alors est passée à l'histoire et demande à être expliquée. Les journaux de Springer avaient qualifié les étudiants protestataires de 1968 de «petite minorité radicale». Le texte de Born, *Berliner Para-Phrasen* (Paraphrases berlinoises), va renverser de façon dialectique la formulation. J'en cite le début:

> Notre patience est à bout.
> Nous sommes las de laisser
> La majorité nous mener par le bout du nez.
> Nous sommes las de voir la ville bafouée
> Par cet éditeur tapageur
> (Si Berlin ne lui plaît pas
> Qu'il aille à l'est.)
> Nous sommes las qu'on nous rationne
> Notre droit de contester.

Ce texte lui parut sans doute trop grossier; il ne répondait probablement plus à sa conception plus complexe de la vérité, et c'est pour cette raison, et non parce qu'il voulait être son propre censeur, qu'il ne retint pas ce poème dans son recueil *Gedichte 1967-1978* (*Poésies 1967-1978*).

Born se détacha de plus en plus du poème politique. Il écrivit:

> «L'auteur socio-critique est abonné à la misère. Il est le plénipotentiaire de son public et réagit en tant que tel. Il ne peut éviter de devenir critique par habitude et d'être le partenaire critique du pouvoir.»

Born opposait à cela une conception utopique de la poésie:

> «Notre potentiel doit être mieux démontré, mieux représenté [...] Le système aberrant qu'est la réalité devra renoncer à sa prétention de représentativité. Redécouvrir ses désirs, ses nostalgies, ses fantasmes dans l'inventaire rabâché de la réalité, c'est une utopie dangereuse pour tous.»

Ces phrases sont tirées de la postface du recueil de poésies *Das Auge des Entdeckers* (*L'Œil de l'explorateur*), de 1972. D'un côté, le programme, de l'autre les poèmes. Ni l'un ni l'autre ne perdent de vue la réalité: une réalité quotidienne berlinoise avec famille, cinéma, érotisme, nouvelles, etc. Mais cette réalité est transcendée par la représentation qu'en a l'«explorateur», le «pilote», représentation qu'il tirait de la poésie *pop* américaine et du recueil de poésies de Brinkmann *Die Piloten* (*Les Pilotes*), paru en 1969. «L'œil du pilote est plein de tendresse. Nous survolons le tropique de la réalité», lit-on dans un poème. Je citerai comme exemple un poème assez court:

Trois souhaits

Que sont les faits, sinon tourments et ennui?
Ne vaut-il pas mieux avoir trois souhaits,
À condition qu'ils se réalisent pour tous?
Je voudrais une vie sans ces temps morts
Où l'on cherche les projectiles dans les murs.
Une vie qui ne soit pas administrée par des
           comptables.

Je voudrais pouvoir écrire des lettres
J'y serais totalement moi-même
Jusqu'où irais-je sans perdre un gramme de ma
           substance?
Je voudrais un livre où vous soyez tous,
Au début comme à la fin,
Je n'aimerais pas oublier
Qu'il est plus beau de t'aimer que de ne pas
           t'aimer.

Un poème de la communication. L'auteur cherche la proximité, l'accord du lecteur. Il commence par des questions rhétoriques: «Que sont les faits, sinon tourments et ennui?» Les trois souhaits que nous accorde la fée ne peuvent être exprimés qu'à une condition: chacun aura droit à ce qu'ils soient exaucés. Une vie sans guerre et sans abus. Une subjectivité totale, comblée. Et le livre, c'est-à-dire la littérature, ne distinguera pas la vie de l'art. Ce sont les trois souhaits de ce poème.

Ce poème prend pour thème cette volonté de bonheur qui existe dans toute poésie — mais alors que la poésie se restreint généralement à l'esthétique d'une promesse de bonheur, Born en attend une réalisation matérielle dans la vie. En cela, ce poème et tous ceux extraits de *Das Auge des Entdeckers* restent des poèmes politiques. «Il faut se relever», peut-on lire dans les notes finales «même si tomber semble plus beau que se relever.»

Les sujets écologiques prirent une certaine importance pendant les dernières années de la vie de Nicolas Born. Ceci n'était pas sans rapport avec le fait que Born s'était retiré à la campagne et qu'il était impliqué dans les débats autour de l'usine de traitement des déchets nucléaires de Gorleben. Il avait de ce monde figé et ravagé par la technique une vision d'horreur. Quelques poèmes des années soixante-dix mettent en garde contre une existence emmurée, vidée; d'autres sont à la recherche des «résidus" de la nature» — tel le long poème *Notizen aus dem Elbholz* (*Notes de la forêt de l'Elbe*). Je cite deux extraits du poème *Entsorgt* (*Déblayage*). Le premier passage exprime la négativité, le deuil sans consolation:

> Le deuil est sans consolation,
> la colère sans mot,
> toute cette vie masquée,
> toute cette confiance étouffante,
> l'herbe s'effondre,
> les jardins s'effondrent,
> sous la cuirasse de l'argent
> il n'est personne pour ressentir la blessure,
> celle d'être dépouillé de soi-même.
> Pas de poème, une fin tout au plus.
> L'homme
> prisonnier de la raison impie
> qui ne se connaît plus à force
> de science [...]

En contrepartie, le regard sur ce qui reste de la nature se transforme en vision, en balbutiement:

talus herbeux retournés, anges,
chaleur humaine incertaine et compréhension
jardins étalés,
sous les rameaux, bancs, ... ombre...
feuillage ... paroles dans le vent ...
semence.

Si je me suis attardé à Nicolas Born et à l'évolution de
sa poésie, c'est que les différentes étapes de sa poésie ont
marqué les années 1967 à 1977. Il y eut d'autres poètes
importants pour la poésie berlinoise, tels F. C. Delius, Yaak
Karsunke, Johannes Schenk et Jürgen Theobaldy. Ils participent tous de l'évolution telle que je l'ai décrite, et pourtant
chacun est unique et ne saurait se réduire aux catégories
stylistiques d'une époque. Ce qui les lie, c'est l'expérience de
la politisation des années soixante, la conception que la
poésie est liée à la société. Theobaldy l'a exprimé ainsi:

> «Une des réussites de la nouvelle poésie, c'est de
> ne pas séparer le sujet et sa vie de l'histoire
> politique, et c'est ce qui la distingue de toute forme
> d'intériorité.»

Cette phrase est-elle encore vraie?

À mesure que nous nous rapprochons de la période
actuelle, la distance s'amenuise, la vue d'ensemble disparaît.
Je pourrais trouver refuge dans des concepts comme le nouvel hermétisme, le postmoderne, la posthistoire. Mais dès le
début des années soixante, Arnold Gehlen avait proclamé
l'avènement de la posthistoire, déclarant que toute évolution
immanente à l'art était révolue et que le temps du syncré-
tisme, pêle-mêle de tous les styles et possibilités, était venu
— la posthistoire en somme.

Pourtant, parler de posthistoire en face d'un Berlin
partagé signifie autre chose. Le mur, soulignons-le, n'est pas
un phénomène de la posthistoire. L'histoire continue et elle
semble être en ce moment précis ouverte et mouvante.
Revenons au mur, car quelque chose manque à mon exposé:
c'est la poésie de l'autre côté du mur.

Poésie à Berlin-Est et Ouest.
Bilan et situation actuelle

Le mur n'était donc pas un sujet que la poésie ouest-berlinoise allait traiter à l'état pur; les poètes s'intéressèrent plutôt à son impact sur la population de la ville. À Berlin-Est, il en fut autrement. On attendait des prises de position et ces prises de position se devaient d'être — vu le contexte politique d'alors — justification, affirmative ou nuancée, mais justification malgré tout, même de la part des jeunes écrivains.

À l'époque, il y avait toute une génération de jeunes auteurs, la génération de ceux qui étaient nés dans les années trente et quarante. Je l'appellerai la génération de Volker Braun. Nombre d'entre eux vivaient et travaillaient à Berlin-Est qui, plus que Berlin-Ouest, reste la métropole des auteurs. Cette génération créa la *Lyrikwelle*, la «vague lyrique». Cette vague commença en 1962 par des soirées de poésie à Halle, Jena, Leipzig et Berlin-Est. L'une des soirées les plus réussies et les plus marquantes fut celle qu'organisa Stephan Hermlin, le 11 décembre 1962, à l'Académie des arts de Berlin-Est. Hermlim allait se faire mettre au pas et serait destitué de sa fonction de secrétaire de la Section de poésie et défense de la langue de l'Académie. Il y a bien longtemps de cela puisque, aujourd'hui, ni Hermlin lui-même ni ses vues politiques et littéraires ne sont plus contestés. C'est ce soir là que Wolf Biermann fit ses débuts: ce fut une de ses premières et dernières présentations publiques en R.D.A. Rainer Kirsch allait également susciter la critique par son sonnet *Meinen Freunden, den alten Genossen* (*À mes amis, aux vieux camarades*) qui se termine ainsi:

> Nommer les rêves par leur nom,
> nommer toute la vérité.

Dans son œuvre poétique, Volker Braun n'a pas cessé de réunir et de concilier individu et collectivité. «Par notre travail nous tendons vers une société libre»: ces mots résu-

ment son programme de démocratie socialiste. La politique
de la R.D.A., ses options, ne l'ont pas encore, semble-t-il,
détourné de son utopie. C'est ce que l'on ressent dans sa
justification du mur. Cependant, Braun est un des rares poètes à ne pas tomber, malgré son adhésion politique, dans une
affirmation absolue:

> [...] effrayante,
> cette frontière de pierre arrête
> ce qui ne connaît pas de frontière:
> la guerre;
> elle arrête dans un pays paisible
> — il faut qu'il soit fort mais pas pauvre —
> ceux qui se jettent à la gueule du loup,
> les agneaux.
> Elle rebute ce peuple de penseurs
> qu'on oblige à aller
> là où il veut,
> sauf vers une mort collective.
> Cette moitié qui m'arrête, cette moitié
> de pays a changé avec moi,
> elle est désormais plus sûre,
> mais vais-je
> encore la changer?

Ce sont des vers de 1965. Parce qu'il empêche la guerre,
le mur est un moindre mal que l'on peut justifier. L'essentiel,
c'est la question de la fin: «Elle est désormais plus sûre [la
moitié, la R.D.A.], mais vais-je encore la changer?»

Volker Braun croit encore fermement à l'idée que la
R.D.A. puisse changer, de l'intérieur et par les poètes. Le
nombre de ceux qui pensent ainsi est devenu de plus en plus
petit ces deux dernières décennies, surtout depuis l'expulsion de Wolf Biermann de la R.D.A., en 1976. Invité par les
syndicats de la métallurgie en novembre 1976, Biermann
avait eu la permission de se rendre à Cologne pour y donner
un concert. Après que la télévision de l'ouest eut montré son
spectacle et que celui-ci eut été diffusé à l'est, la R.D.A. lui
retira la citoyenneté et lui rendit tout retour impossible — 12
auteurs de la R.D.A., dont Sarah Kirsch, Christa Wolf, Volker

Braun, Franz Fühmann, Stephan Hermlin, Günter Kunert et Heiner Müller, faisaient part, dans une lettre ouverte, de leur protestation à l'endroit des décisions de la R.D.A.; 70 personnes impliquées dans la vie culturelle s'y joignirent, en vain comme on le sait. Fin 1976, commença l'exode des écrivains, un exode qui n'a pas cessé; on pourrait en citer une vingtaine au moins. Je ne nommerai que les poètes qui, après leur exil, sont restés plus ou moins longtemps à Berlin: Sarah Kirsch, Kurt Bartsch, Thomas Brasch, Jürgen Fuchs, Frank Wolf Matthies, Helga M. Novak et Sascha Anderson.

Pendant un certain temps, en R.D.A., à Berlin-Est, cet exode ressemblait à une hémorragie: entre-temp on assiste à ce qui semble être une régénération. Pour la plupart des jeunes auteurs, le marxisme n'est plus un sujet d'écriture; ils évitent ainsi les conflits possibles sans échapper complètement à la répression politique. Beaucoup de jeunes auteurs préfèrent renoncer à être reconnus par les instances officielles de la littérature et, par là-même, à être publiés. Ils ont un autre public: les petits cercles; même dans les cercles chrétiens, on lit des poèmes, des textes circulent; on prend bien sûr le risque d'entrer en conflit avec l'autorité. Nombre d'entre eux ont subi interrogatoires et fouilles.

Il y a pourtant des contre-exemples, tel ce jeune auteur qui bénéficie du soutien des aînés, du droit de publier ses poèmes, et qui pourra même être édité par la maison d'édition officielle, le Aufbau Verlag, et paraître à l'ouest chez Suhrkamp à Francfort. Cette exception — dans les circonstances telles qu'elles sont en R.D.A., il ne peut être question que d'exception —, cette exception donc s'appelle Uwe Kolbe, promotion 1957, poète des plus doués de la R.D.A. vivant à Berlin-Est, auteur de trois recueils de poèmes auquel Franz Fühmann rend hommage dans un essai élogieux.

Son premier recueil, en 1980, a pour titre *Hineingeboren* (*Autochtone*), ce qui veut dire bien plus que la simple constatation d'être né en 1957 et d'avoir grandi en R.D.A. Le poème est court, il repose sur deux images empruntées à la nature et qui s'opposent sans atteindre une synthèse:

Autochtone

Pays grand, vaste, vert
Plaine ponctuée de clôtures
Arbre du soleil
Rouge à l'horizon
Le vent est mien
Et miens les oiseaux.

Pays petit, vert
Paysage de barbelés
Arbre
Noir à mes côtés
Vent âpre
Oiseaux étrangers.

Retournons au présent de Berlin-Ouest. Comment en parler? Quelles sont les tendances? Quels sont les auteurs importants?

Un répertoire des auteurs berlinois, édité par l'Académie des arts donne une liste de 111 auteurs: 60 d'entre eux sont, si je ne m'abuse, poètes. Parmi ces poètes, on trouve tous les genres et styles: poème politique expérimental, surréalisme, *pop art*. Cela ne nous éclaire pas davantage. Je suis donc bien obligé de faire ressortir quelques exemples et d'essayer d'arriver à une fin, quelle qu'elle soit.

J'ai soutenu que la poésie à Berlin entretient un rapport marqué avec la réalité, la réalité d'une ville en danger et partagée. Trois auteurs, trois exemples, nous serviront de témoignage, voire de mise en question de cette thèse. Il s'agit de Hans-Magnus Enzensberger, Botho Strauss et Thomas Brasch.

En 1965, Walter Höllerer avait, rappelons-le, revendiqué le poème long dans lequel «la République se libère». En 1977 paraissait *Untergang der Titanic* (*Le Naufrage du Titanic* [3]), un poème long qui se veut être une «comédie». L'image du naufrage du luxueux bateau à vapeur concrétise l'échec des utopies sociales et politiques, de la dialectique philosophi-

---

3. Traduction de Robert Simon, Éditions Gallimard, 1981.

que, la fin de notre savoir, de notre orgueil optimiste. Les dates à la fin en font foi: La Havane 1969 — Berlin 1977. Le moi du poème se trouve dans une pièce en train d'écrire. Au milieu des poussières de suie on entend:

> J'écris ceci à Berlin — Comme Berlin
> Je sens la vieille douille de cartouche,
> l'Est, le soufre, le désinfectant.
> Le froid revient maintenant peu à peu.
> Je termine peu à peu la lecture des règlements.
> Très loin derrière de nombreux cinémas,
> il y a le mur qu'on ne voit pas et derrière lequel,
> très loin l'un de l'autre il y a quelques cinémas
> isolés [...]

Berlin l'hiver, l'image persistante d'une ville gelée, l'image d'une stagnation historique. Enzensberger, qui avait vécu ici 20 années entrecoupées de voyages, partait en 1979 pour Munich. Pour lui, le sujet Berlin semblait épuisé. Certains critiques avaient reproché à son *Naufrage du Titanic* d'être trop poli, trop adroitement calculé pour figurer parmi les grands poèmes et être perçu comme un diagnostic de l'époque. Enzensberger se révéla une fois de plus l'imprévisible sur lequel on ne peut compter. Dans un autre poème, *Die Frösche von Bikini* (*Les Grenouilles de Bikini*), il avait demandé: «Laissez en paix le Dr Benn». Benn, au lieu de Brecht! De la part d'un gauchiste, on se serait attendu à autre chose. C'était le retour de l'esthétique.

Ceci m'amène à Botho Strauss, auteur de drames et de nouvelles. En 1985, il surprenait et provoquait la critique par un poème long. Le titre bizarre *Diese Erinnerung an einen, der nur einen Tag lang zu Gast war* (*Souvenir d'un invité d'un jour*), s'inspire des proverbes de Salomon où «l'espoir de l'impie» est comparé à la poussière, à la neige, à la fumée et à l'oubli de celui qui n'est que l'invité d'un jour. Dans ce poème, Botho Strauss essayait de satisfaire aux exigences qu'il avait exprimées dans son livre de prose *Paare Passanten* (Couples — Passants): «La beauté hymnique, le grand et pesant oui, le chant — Pound et Rilke tout à la fois — ne doivent jamais se taire!» La critique blâma le fait que Strauss n'atteignait pas la

qualité esthétique d'un Pound ou d'un Rilke. D'autres
critiques s'élevèrent contre certaines affirmations
idéologiques ou politiques du poème. Je fais partie de ceux
qui pensent que l'essai poétique de Strauss n'est pas une
réussite. La citation suivante montre, cependant, qu'il aborde
un sujet qui n'avait jamais été traité de façon aussi
pathétique (Pathos voulant dire ici souffrance) dans la poésie
d'après-guerre:

> Je n'ai pas connu d'Allemagne durant ma vie.
> J'ai seulement connu deux États étrangers,
> qui m'ont interdit
> d'être, au nom d'un peuple, l'allemand.
> Autant d'histoire et une telle fin?
>
> Imaginez le cœur d'un Kleist et
> le partage du pays. Imaginez alors:
> quelle réunion si l'on ressuscitait
> en nous le théâtre de l'histoire
> Être allemand, c'est peut-être apprendre à se
>   compléter.
> La moindre parcelle
> d'entente est telle une cellule
> du tissu qu'est la nation
> et où sont inscrits
> pour toujours les plans du tout.

Que dire de cette vision et de son expression? Bien vu?
Bien dit? Pathétique ou gênant? Utopie politique ou ressen-
timent réactionnaire? Gottfried Benn, mon porte-parole du
début, a dit que l'art était tout sauf complaisance. Mais, en
littérature, n'y a-t-il pas place pour l'essai, pour l'échec?
Dans son poème, Botho Strauss essaie de voir une fois encore
l'Allemagne comme un tout. Il fait cet essai à Berlin-Ouest,
comme quelqu'un qui se tient manifestement à l'écart de la
vie culturelle et littéraire. Sur ce point, il a droit à notre
respect. Pourtant, cela ne saurait dissiper mon scepticisme.
«Dans cet infâme Berlin», pour citer encore une fois Benn, «le
sentimental s'émousse, on y devient "fit et sec".»
     «Fit et sec»? Peut-être! Thomas Brasch, fils d'un haut

fonctionnaire de la R.D.A., avait plusieurs fois fait l'objet de tracasseries politiques et avait été arrêté pour insoumission politique, avant de passer en 1976 à Berlin-Ouest avec la permission des autorités de la R.D.A. Le poème que je vais citer n'est peut-être pas de la grande poésie, mais peut-être est-il «fit et sec» au sens où l'entendait Benn. C'est un conte politique, sans sentimentalisme, qui se termine sur l'écriture:

La Belle au Bois dormant et le Porc

Qui s'en va où
Qui reste pourquoi où
Sous la nuée dense une brèche
Alexander Platz, Gare Zoo

Séparation de demain arrivée hier
C'est le rêve allemand
Voilà qu'enfin les sœurs fraternisent

Deux sorcières sous un pommier
Celui qui écrit reste
Ici ailleurs quelque part
Celui qui écrit agit
Quoi qu'il arrive

Diffusion et traduction.
La littérature canadienne,
terra incognita sur la carte littéraire

Table ronde avec Marie-Claire Blais,
Paul Chamberland, Monique Daviau,
Harald Hartung, Bodo Morshäuser,
Michael Mundhenk, Karin Reschke,
Herbert Wiesner

MICHAEL MUNDHENK: J'introduirai cette discussion sur les rapports entre les littératures canadienne et allemande par une citation: «Je connais la littérature yougoslave, je connais la littérature italienne; mais je ne ne connais pas du tout la littérature canadienne.» La personne cultivée qui s'est exprimée ainsi n'est autre que Hans Magnus Enzensberger et je suis persuadé que bien des Allemands et bien des Européens s'intéressant à la littérature pourraient en dire autant. J'ai même l'impression qu'il y aurait des gens au Canada pour partager l'aveu d'Enzensberger et reconnaître qu'ils connaissent à peine la littérature canadienne. Le Canada a été découvert dans les années soixante-dix pour son attrait touristique; il est devenu le refuge des amis de la nature, ennemis inconditionnels des dernières réalisations de la civilisation; or ce même Canada est inconnu sur la carte littéraire du monde. Ceci distingue fondamentalement la littérature allemande de la littérature canadienne et les littératures de Berlin et de Montréal en particulier.

Permettez que je parle brièvement de l'anthologie[1], que j'ai faite. L'étude détaillée des anthologies des écrits canadiens et de leur traduction en allemand ainsi que la critique par Walter Riedel de l'accueil qui leur a été réservé en Allemagne (*Das literarische Kanadabild*) m'ont permis de me rendre compte à quel point ce portrait littéraire du Canada était partial, inintéressant et ennuyeux. Autrement dit, la seule littérature traduite était celle que l'on pourrait appeler une «littérature de la nature». Je tentai donc de donner une vue d'ensemble qui peuplerait cette *terra incognita* d'écrivains qui n'avaient pas encore été présentés aux lecteurs allemands. Comme vous pouvez l'imaginer, il ne fut pas difficile de trouver des auteurs remplissant ces critères. Avant même de faire le choix des auteurs qui figureraient dans cette anthologie, il me semblait évident que ce livre comporterait trois grandes parties, deux couvrant la littérature dans les deux langues officielles, l'autre présentant des écrits de ou sur ceux qui vivaient ici avant la fondation de l'État canadien, les Inuit et les Amérindiens qui sont automatiquement relégués dans les arrière-fonds de l'historiographie officielle. On notera d'ailleurs que le texte le plus pertinent à avoir été écrit par un auteur allogène sur le problème des autochtones est d'un Québécois, Réjean Morisset, géographe à Montréal.

Pendant les recherches que demandait cette anthologie, les écrits du Québec m'apparurent généralement plus vivants, plus vibrants; telle était du moins mon impression, une réalité qui à mon sens trouve son explication dans une expérience historique, celle de la colonisation. Ainsi, dans le cas du Québec, les tensions historiques, politiques et culturelles résultant de la colonisation ont été une source de créativité. En fait, ceci est en quelque sorte comparable à la situation de Berlin où les tensions politiques et culturelles, les frictions provoquées par la confrontation de deux systèmes, ont donné naissance à une vie culturelle qui dépasse celle de maintes villes allemandes.

---

1. *Kanada — ein Land in der Schwebe.* «Die Horen», volume 141, 1986 (prix DM 12,80). Edition Die Horen. Am Alten Hafen 115, Postfach 10 11 10, D-2850 Bremerhaven 1.

En choisissant et en traduisant cette mosaïque de textes, il m'apparut clairement qu'un recueil pan-canadien de ce type n'existait dans aucune des deux langues officielles. Ces deux cultures officielles semblent donc mener des vies bien distinctes. Il n'existe que très peu de traductions de l'anglais vers le français ou du français vers l'anglais. J'eus l'impression que dans cette anthologie, je faisais entendre des voix que l'on n'avait jamais entendues ensemble auparavant, en d'autres termes ces écrits dans leur ensemble étaient inconnus non seulement en Allemagne, mais aussi au Canada. Greg Curnoe a intitulé un de ses articles: «Marginalité et obscurité: la condition canadienne». Je pense que ce titre reflète bien la situation à laquelle de nombreux créateurs, écrivains, artistes, doivent faire face dans ce pays.

Pour finir, quelques mots de l'accueil réservé à cet inventaire de la littérature canadienne en Allemagne. Si nous exceptons un petit journal de Göttingen qui fit paraître un article bref sur l'anthologie et l'annonce succincte de sa parution à la radio «Norddeutscher Rundfunk», il n'y eut, comme on pouvait s'en douter, aucune réaction. Espérons qu'il en sera autrement ici. Et même si nous ne connaissons pas nos œuvres respectives, nous pouvons espérer que les personnes ici présentes rompront ce silence interculturel.

Transmission de la littérature ou tourisme littéraire?

HERBERT WIESNER: Le métier de la transmission de la littérature me rend de plus en plus sceptique, mais nous continuerons de l'exercer même si les résultats sont parfois décevants. Ceci est attribuable à beaucoup de facteurs que l'organisateur ne peut pas nécessairement contrôler. Mais revenons à la littérature canadienne; est-ce qu'elle existe? Il y a une littérature au Canada, mais d'après ce que nous venons d'apprendre, la transmission entre la littérature francophone et la littérature anglophone ne se fait pas ou peu. Alors que faire, par exemple lorsque l'on veut inviter la littérature canadienne à Berlin? À vrai dire, en Allemagne, nous connaissons mieux la littérature d'expression anglaise, nous connaissons Margaret Atwood. Mais je ne suis pas sûr qu'elle soit perçue comme écrivaine canadienne. C'est de la littérature nord-américaine. En ce qui concerne la littérature francophone, je serais curieux de la connaître. Cependant, et c'est tout à fait naturel, on se tourne d'abord du côté de la France. Or, au risque de passer pour chauviniste, j'avancerai que la littérature française à l'heure actuelle n'a pas grand-chose à nous apporter. La littérature française est perçue chez nous comme la littérature de la nouvelle philosophie française. Bien sûr, il y a quelques grands noms, Marguerite Duras, par exemple, mais il n'y a pas vraiment une génération de jeunes auteurs qui renouvellent la littérature, rien qui puisse se comparer à l'évolution des formes littéraires que nous rencontrons chez nos auteurs allemands qui ont entre 25 et 35 ans. Ceci pour expliquer un certain scepticisme évoqué plus tôt. Mais ce scepticisme ne nous empêche pas, comme je l'ai souligné, de continuer à essayer de transmettre des littératures que nous ne connaissons pas, en évitant toutefois de percevoir la littérature comme un transfert de caractéristiques nationales. Si j'en crois ma propre expérience, tous les efforts en vue de présenter le caractère national d'une littérature par le biais d'une sélection représentative d'auteurs sont voués à l'échec. Ils aboutissent plutôt à une sorte de tourisme littéraire qui, avec un peu de chance, nous fera découvrir un ou deux textes intéressants. Je dirais donc que notre but devrait être non pas d'organiser une semaine de la littérature canadienne, ou turque, ou grecque ou yougoslave — tout ça, nous l'avons fait —, mais d'inviter chaque auteur individuellement et de le laisser parler de son œuvre.

Écrire pour être lu ou pour être vu?

KARIN RESCHKE: Les écrivains sont des individus un peu particuliers et extrêmement susceptibles. Il y a des collègues qui aiment voyager, aller d'une soirée de lecture à une autre, se produire et pratiquer ce transfert de la culture. Moi, je ne suis pas de ceux-là, je préfère me retirer dans ma coquille. En théorie j'accepte l'idée et je me laisse convaincre, mais en pratique j'aimerais mieux rester chez moi et ne pas faire mes valises. En ce qui concerne ces manifestations littéraires auxquelles nous sommes sollicités, je dois dire qu'il n'y a jamais de routine. À chaque fois, j'ai le trac comme un acteur ou une actrice et je suis une très mauvaise représentante de mes textes. J'aimerais qu'il y ait un comédien à mes côtés qui puisse les lire et moi, je n'aurais qu'à acquiescer. C'est le rôle que j'apprécierais le plus, mais c'est du passé tout cela, c'est d'une autre époque.

La littérature canadienne, une non-littérature ou une littérature non connue?

MARIE-CLAIRE BLAIS: Je suis d'accord avec Mme Reschke que cette situation est très complexe; c'est vrai que nous avons l'air de commis voyageurs de la culture quand nous nous promenons avec nos livres et nos poèmes. Il est tout aussi vrai que l'on peut difficilement transmettre un livre ou parfois même une œuvre entière pendant un voyage très bref, que ce soit à Berlin ou à Montréal, ne serait-ce d'ailleurs que pour des questions de distance et de diffusion. Très souvent, nous parlons de livres que les gens n'ont pas lus. Dans le cas de Mme Reschke, grâce à sa présence ici, nous allons probablement les connaître davantage, mais nous avons peu de moyens pour nous retrouver les uns et les autres. Ce sont des occasions comme celle-ci qui nous le permettent. Ce serait difficile d'aller jusqu'à Berlin pour diffuser notre culture, et lorsque nous le faisons, nous sommes toujours isolés, nous ne sommes jamais 50 à partir, mais 5 ou 6 au plus.

Au colloque de Berlin où je suis allée il y a quelques années, il y avait Margaret Atwood, Anne Hébert, moi-même, Michel Beaulieu, Watson Davis, mais hélas nous étions très peu de représentants de la littérature aussi bien anglophone que francophone. Pourtant, je ne suis pas d'accord avec M. Wiesner qui nous a présentés comme une non-littérature. Je dirais plutôt que nous, les francophones comme les anglophones du Canada, nous avons une littérature. Qu'elle soit américaine ou nord-américaine, elle est complète, elle se présente bien à l'étranger et elle y est très bien accueillie. C'est une question de diffusion. Et si nous avons, hélas! peu de rapports avec l'Allemagne, ce serait peut-être à nous, poètes, de nous entraider pour que cela se fasse. C'est absurde de penser qu'il n'y a pas de littérature au Québec, qu'il n'y en a pas au Canada, simplement parce qu'on ne la connaît pas. C'est bien dommage.

La littérature québécoise et l'écran français

PAUL CHAMBERLAND: L'exemple que je pourrais donner à partir de ce que j'ai moi-même vécu, c'est l'Italie, ayant donné des cours et des conférences sur la littérature québécoise à Bologne et à Turin il y a un an et demi. La chose qui m'a frappé, c'est qu'en Italie, on a commencé, depuis un certain nombre d'années, à traduire en italien les poètes québécois, surtout ceux qu'on appelle la génération de l'Hexagone. Ayant passé un mois là-bas et étant entré en contact avec des professeurs et des étudiants de maîtrise et de doctorat (l'enseignement de la littérature québécoise y est assez développé, particulièrement à Bologne), il y a une chose qui m'a beaucoup plu et qui m'a paru significative, c'est qu'à travers ces personnes, soit des écrivains, des traducteurs, des enseignants et aussi des étudiants aux études supérieures, s'est établi graduellement une perception de la littérature québécoise qui est différente, allégée de ce que j'appellerais l'écran français. Rassurez-vous, je ne reviendrai pas sur l'impérialisme culturel français, ce n'est pas mon intention. Il n'en demeure pas moins qu'à cause de cette communauté linguistique notre littérature québécoise apparaît comme à travers un filtre qui est la France. Alors, ce que j'ai cru voir en Italie, à Bologne et à Turin, c'est qu'on commence à y développer une vision différente de la littérature québécoise par rapport à la littérature française quelle qu'elle soit, et que l'on perçoit son altérité.

Une médiation transculturelle: l'expérience de Montréal

PAUL CHAMBERLAND: Le deuxième élément que je voudrais mettre en relief est qu'on peut considérer une ville comme un médium, et Montréal est, je pense, le lieu où commence à se briser de façon plus substantielle le concept, évoqué plus tôt, des deux solitudes. J'aimerais citer comme exemple la revue *Vice Versa* qui est trilingue et qui se donne une vocation multiculturelle, ou transculturelle pour être plus précis, ce qui, bien sûr, provoque des discussions, voire des contestations.

Pour terminer, je dirai, un peu dans une sorte de projection, que j'aimerais posséder plusieurs langues, pouvoir les écrire même. Je suis hanté par l'image d'écrire des ouvrages qui seraient simultanément en plusieurs langues. Je pense que c'est devenu vital pour nous de multiplier les lieux de médiation, de métamorphose, de transformation d'une langue à l'autre parce qu'au fond, ce qui est déterminant dans ma démarche d'écriture actuellement, c'est de donner à partir du lieu où je suis, donc de Montréal, un visage de la Terre. Et c'est dans cette mesure qu'il importe de pouvoir puiser dans les œuvres qui sont écrites en d'autres langues, de pouvoir y découvrir une sorte de résonance et de

convergence fraternelles pour que soit délivré et que soit
réalisé un visage de la Terre autre que celui qui a tendance
à prédominer actuellement.

La diffusion littéraire ou tous les chemins mènent à Francfort

HARALD HARTUNG: M. Mundhenk s'est plaint, à juste titre, que
le cahier de la revue *Die Horen* consacré au Canada n'ait pas
eu, en Allemagne, deux petits comptes rendus exceptés, la
résonance que l'on pouvait espérer. Comment l'expliquer?
Pour comprendre ce phénomène, il faut parler de l'industrie
littéraire, des grandes maisons d'édition. En République
fédérale, il y a un réseau puissant de grands éditeurs et, par
exemple, la littérature de la R.D.A. a vu le jour non pas en
passant par Berlin-Est mais en passant par Francfort, Hambourg ou Stuttgart, c'est-à-dire grâce aux grandes maisons
d'édition de l'Allemagne de l'Ouest. La littérature autri-
chienne passe par Francfort et la littérature canadienne
devrait, elle aussi, passer par Francfort. Les grandes maisons
d'édition sont à l'affût des grandes tendances. Ce fut le cas
pour les États-Unis et pour l'Amérique du Sud. Personnellement, je n'approuve pas cet état de fait, je préfère les petites
tendances aux grandes, mais quoi qu'il en soit, tous les chemins mènent à Francfort. Voilà ma première thèse.
     La deuxième concernera la critique allemande. Je suis
aussi critique littéraire. La critique littéraire allemande est
très active, mais elle a aussi un défaut. Très peu de grands
critiques font paraître des comptes rendus sur des textes
publiés en d'autres langues, même s'ils connaissent ces langues. Par exemple, le doyen de la critique allemande lit
l'anglais mais il publie presque exclusivement des critiques
sur la littérature allemande. C'est une loi, une loi tellement
impitoyable que la littérature canadienne devrait frapper à la
porte de Siegfried Unseld ou, juste à côté, de Marcel Reich-
Ranicki, pour faciliter son importation en Allemagne.

Ma troisième thèse: la poésie. Là, c'est différent. Le chemin à suivre serait qu'un poète important allemand, connu et reconnu, disons Hans Magnus Enzensberger ou Erich Fried, découvre un poète étranger dont il connaîtra bien sûr la langue. Ce n'est que grâce à cette découverte que celui-ci va acquérir son public, qu'il sera publié et diffusé; là encore, la diffusion passera par Francfort.

De la littérature après toute chose...

BODO MORSHÄUSER: Je suis d'accord avec M. Wiesner que le critère de la nationalité d'une littérature doit être relégué au second plan, que l'auteur individuel doit avoir la priorité sur la nationalité. Je suis ici depuis quelques jours et si je veux apprendre quelque chose sur le Canada, je m'intéresse d'abord aux choses quotidiennes. On verra après pour la littérature.

En ce qui concerne l'expérience de Bologne dont M. Chamberland nous a fait part, je pense que cette médiation entre les deux littératures ne peut fonctionner que dans des microsystèmes, des rencontres entre spécialistes qui, souvent, ne lisent pas leur propre littérature nationale.

La médiation culturelle et l'intervention de l'État

HELMUT MÜSSENER: Je viens d'une petite aire linguistique de l'Europe, de la Suède, un pays de huit millions d'habitants environ. Notre discussion ressemble étrangement à celle des écrivains allemands et suédois lorsqu'il est question de médiation culturelle. Ce sont les mêmes arguments, les mêmes problèmes. Je partage le point de vue de M. Hartung: il faut passer par Francfort, par un médiateur renommé de la littérature comme Enzensberger. L'écrivain Lars Gustafson dont la réputation internationale est reconnue tant en RFA qu'en Suède, est le produit d'une telle médiation culturelle. M. Wiesner se montre sceptique quant au succès des rencontres entre écrivains. Cependant, sans la rencontre du Groupe 47 en 1964 à Sigtuna, beaucoup moins de textes littéraires suédois auraient été traduits en allemend et vice versa. Ces rencontres sont à l'origine d'initiatives précieuses.

Un dernier point: l'intervention de l'État. En Suède, l'État subventionne la publication d'œuvres littéraires étrangères en traduction suédoise. La raison en est que la Suède est littéralement envahie par la littérature anglo-saxonne; 80 % des œuvres littéraires traduites en suédois proviennent de l'aire linguistique anglo-saxonne. L'État s'efforce ainsi de préserver une certaine variété et une ouverture à d'autres aires culturelles. Que cela soit souhaitable ou non, c'est une autre question.

MONIQUE DAVIAU: La traduction, la critique, sont les deux possibilités qui sont offertes à qui voudrait faire connaître la littérature allemande. Or, au Québec, le traducteur québécois désireux de transmettre les œuvres de langue allemande en langue française se heurte à l'emprise française sur le marché de la traduction.

D'autre part, on doit constater que l'ouverture de ce côté de l'Atlantique à la littérature allemande n'a malheureusement pas été payée de retour en Allemagne et ce malgré une ou deux anthologies.

La transmission littéraire
passe par la traduction

DIETGER PFORTE: Si nous ne voulons pas sombrer dans le provincialisme, nous sommes obligés de nous tourner vers la traduction des littératures d'autres pays. Aujourd'hui, notre discussion aborde le problème des aires linguistiques relativement grandes que sont celles du français et de l'allemand, et à l'intérieur desquelles il est difficile de distinguer le fait canadien dans la littérature d'expresion française ou le fait autrichien, suisse ou roumain dans la littérature d'expression allemande. Certes, c'est un problème qu'on doit soulever, mais il est secondaire et nous ne devons pas nous arrêter là. J'aimerais rappeler que nos connaissances de la littérature polonaise en Allemagne sont dues aux efforts constants et tenaces d'un traducteur comme Dedecius ou que la littérature latino-américaine n'aurait jamais connu une telle popularité chez nous s'il n'y avait pas des traducteurs comme Meyer-Clason. Autrement dit, avant d'essayer de rencontrer l'éditeur et le critique comme M. Hartung l'a proposé, nous devrions chercher des traducteurs hautement qualifiés capables de faire un travail excellent. C'est pourquoi nous avons décidé d'organiser des colloques de traduction littéraire à Berlin à partir de l'an prochain où, pendant quatre ou six semaines, nous présenterons un traducteur et un auteur d'une communauté linguistique spécifique, de préférence ceux des petites aires linguistiques de l'Europe comme le suédois, le norvégien, l'islandais. Cette tentative, amorcée déjà depuis un certain temps, a porté ses fruits; ainsi, suite à la sortie des premières traductions que nous avons fait paraître dans des revues littéraires, nous avons constaté que les maisons d'édition se sont intéressées aux auteurs et les ont approchés. Nous avons l'intention de renforcer cette activité et de promouvoir systématiquement la traduction littéraire. Je suis convaincu qu'avec ce projet nous ferons moins de tourisme culturel pour vraiment connaître l'autre. La connaissance de cet autre devrait nous servir à faire avancer notre propre littérature.

Liste des participants

BLAIS, Marie-Claire: écrivaine à Montréal.

BOURSCHEIDT, Randall: (en 1987) responsable aux affaires culturelles de la ville de New York.

CHASSAY, Jean-François: critique littéraire à Montréal.

DAVIAU, Monique: écrivaine à Montréal.

GAUVIN, Lise: professeure de littérature française à l'Université de Montréal, critique littéraire et écrivaine.

HARTUNG, Harald: professeur de littérature allemande à l'Université technique de Berlin, poète et critique.

IVERSEN, Margret: journaliste.

JÄHNER, Harald: docteur en littérature allemande, (en 1987) rédacteur au service du Sénat à l'occasion du 750e anniversaire de Berlin.

LACH, Friedhelm: professeur de langue et littérature allemandes à l'Université de Montréal, peintre, sculpteur.

LARUE, Monique: écrivaine à Montréal.

LORD, Alan: écrivain, organisateur de rencontres littéraires.

MARCOTTE, Gilles: professeur de littérature française à l'Université de Montréal, critique littéraire et écrivain.

MASSENET, Patrice: reporter de télévision.

MÜSSENER, Helmut: professeur de littérature allemande à l'Université de Stockholm.

MORSHÄUSER, Bodo: écrivain à Berlin.

MUNDHENK, Michael: traducteur et éditeur d'une anthologie en langue allemande de la littérature canadienne.

NOVAK, Ferdinand: délégué de la Fondation Friedrich Naumann, Berlin.

OEHMICHEN, Friedrich: professeur à la Faculté d'aménagement de l'Université de Montréal.

PELLERIN, Gilles: écrivain, éditeur de la revue *Nuit Blanche*.

PESOT, Jürgen: (en 1987) directeur du cinéma expérimental Le Milieu à Montréal.

PETERSEN, Klaus: professeur de littérature allemande à l'Université de British Columbia à Vancouver.

PFORTE, Dietger: responsable du secteur littérature et archives auprès du sénateur aux affaires culturelles de Berlin.

RESCHKE, Karin: écrivaine à Berlin.

ROSSHANDLER: directeur de galerie à Montréal.

WIESNER, Herbert: critique littéraire, directeur de la Maison de la littérature à Berlin.

Table

Préface
Hans-Herbert Räkel 9

Berlin à Montréal
avec Lise Gauvin, Harald Hartung,
Margret Iversen, Patrice Massenet,
Ferdinand Nowak, Fred Oehmichen,
Dietger Pforte, Hans-Herbert Räkel,
Léo Rosshandler 13

LIRE MONTRÉAL

Montréal: Désir d'une ville
Gilles Marcotte 23

Espace urbain et espace littéraire
Monique LaRue et Jean-François Chassay 33

Marie-Claire Blais et Aysel Özakin
Une entrevue à Montréal 47

BERLIN - VIE CULTURELLE

Promotion de la culture et politique culturelle
Dietger Pforte 55

Faut-il organiser la culture?
Table ronde avec Randall Bourscheidt, Alan Lord,
Ferdinand Nowak, Gilles Pellerin, Jürgen Pesot,
Dietger Pforte, Herbert Wiesner 75

Subvention ou subversion? La littérature à Berlin
et sa commercialisation
    Margret Iversen 83

BERLIN – CODES DÉCHIFFRÉS

Berlin – Convention littéraire et documentation
    Friedhelm Lach 107

1794 – La magie d'une date. Henriette Vogel,
Sophie von Kühn, un conseiller à la guerre
et Sophie Haza
    Karin Reschke 127

La ville chez Alfred Döblin:
porte-parole de l'inconscient
    Harald Jähner 139

BERLIN ÉCRIT ET VÉCU

Groupes et associations d'auteurs à Berlin
dans les années vingt
    Klaus Petersen 155

«Berlin – Stockholm – Berlin – et à nouveau Stockholm»:
Peter Weiss l'apatride
    Helmut Müssener 165

Littérature et criminalité: les hors-la-loi
des années vingt et trente
    Herbert Wiesner 183

DEUX ÉCRITURES

Harald Hartung, poète et critique
   Une entrevue à Montréal 201

La poésie à Berlin depuis 1961
   Harald Hartung 207

Diffusion et traduction. La littérature canadienne,
terra incognita sur la carte littéraire
   Table ronde avec Marie-Claire Blais,
   Paul Chamberland, Monique Daviau,
   Harald Hartung, Bodo Morshäuser,
   Michael Mundhenk, Karin Reschke,
   Herbert Wiesner 233

CET OUVRAGE
COMPOSÉ EN PALATINO CORPS 11 SUR 13
A ÉTÉ ACHEVÉ D'IMPRIMER
LE VINGT ET UN MARS
MIL NEUF CENT QUATRE-VINGT-ONZE
PAR LES TRAVAILLEUSES ET TRAVAILLEURS DES PRESSES
DE L'IMPRIMERIE GAGNÉ LTÉE
À LOUISEVILLE
POUR LE COMPTE DE
VLB ÉDITEUR.

Ce livre est imprimé sur
du papier contenant plus
de 50% de papier recyclé
dont 5% de fibres recyclées.

IMPRIMÉ AU QUÉBEC (CANADA)